2つの行事の
壁面・シアター・製作・コスチューム

ハロウィン & クリスマス おまかせBook

ひかりのくに保育ブックス

ひかりのくに編集部/編

ハロウィンとクリスマスはこの1冊でまるっとOK!

壁面　全11作品
子どもと作るをテーマに
かわいい壁面いっぱい！
アレンジつき

シアター　全10作品
子どもとのやりとりを
大切にした楽しさ満点の
出し物ばかり！

製作　全90作品
作って楽しい、飾ってかわいい、
持って帰って喜ばれる！
作りきれないくらいの
作品数

コスチューム　全17作品
本格的なのに
身近な素材でカンタン！
子どもと作れちゃいます

CONTENTS

ハロウィン

壁面
- 魔女さんの夜のおさんぽ ……………………… 4
- カボチャおばけのハロウィンパーティー …… 6
- ねばねばクモの巣 ……………………………… 7
- ハロウィン城へようこそ ……………………… 8
- 0・1・2歳児 トリックオアトリート …………… 9

シアター
- ①ペープサート　お菓子だいすき　おばけどん ……… 10
- ②ペープサート　びっくりハロウィン ウィン ……… 12
- ③マジック　ハロウィンキャンディマジック ……… 14
- ④紙皿シアター　ハロハロハロウィン ……………… 15

グッズ
- ●置く飾り ……………………………………… 16・17
  - 魔女さんのお城
  - カボチャハウス
  - コウモリの瓶づけ
  - キャンディ BOX①
  - 0・1・2歳児 キャンディ BOX②
  - 3D フォトフレーム

- ●つる飾り ……………………………………… 18・19
  - 木の枝モビール
  - 魔女のホウキ飾り
  - ハロウィン網飾り
  - くるくる＆ピカピカ飾り
  - 0・1・2歳児 おばけ＆カボチャのモビール
  - フラッグガーランド
  - キラキラシャンデリア
  - カボチャの部屋飾り

- ●窓飾り ………………………………………… 20
  - お絵描きステンドグラス
  - 0・1・2歳児 クリアフォルダーの挟み込み
  - パス DE スクラッチ

- ●身に付けグッズ ……………………………… 21
  - カボチャバッグ
  - うちわ型お面
  - 魔法のステッキ
  - ジャック・オ・ランタン①
  - ジャック・オ・ランタン②

- ●ハロウィンで遊ぼう ………………………… 22・23
  - ハロウィンシアター
  - お菓子を作ろう
  - ゲームで遊ぼう

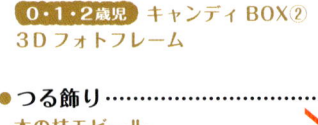

コスチューム
- ●魔法使い＆魔女（プリティウィッチ・やんちゃな魔法使い・とんがり帽の魔女） ……… 24
- ●ドラキュラ（マントドラキュラ・タキシードドラキュラ） …………………………… 25
- ●おばけ＆カボチャ＆黒ネコ
  （ビッグパンプキン・紙袋のまっしろおばけ・キュートキャット・緑のカボチャおばけ・
  ブラックキャット・ふわふわおばけ） …………………………………………… 26・27
- ●デビル＆コウモリ（レッドデビル・ツノツノデビル・銀色コウモリ） ………… 28
- ●0・1・2歳児（魔法の帽子・キャンディの妖精・カボチャケープ） …………… 29

現場 photo!
- 仮装パーティー ……………………………… 29

🎄 クリスマス

壁面
- メリークリスマス　ハッピーツリー ……………… 30
- サンタハウスで乾杯〜☆ ……………………………… 32
- Xmas ブーツ ………………………………………… 34
- キラキラ＆ふんわりリース ………………………… 35
- 飛び出す！　ケーキパーティー …………………… 36
- 0・1・2歳児　ペタペタツリー ……………………… 37

シアター
- ①マジック　サンタさんの魔法 …………………… 38
- ②パネルシアター　クリスマスだ ヤッホー！ …… 40
- ③パネルシアター　ゆきだるまを作ろう！ ……… 42
- ④紙コップシアター　帽子の中に ………………… 44
- ⑤紙コップシアター　サンタさんのプレゼント … 46
- ⑥マジック　クリスマスファンタジー …………… 47

グッズ

- ●ツリー …………………………………………… 48〜53
  - 雪だるまツリー
  - うずまきツリー
  - プレゼントツリー
  - 0・1・2歳児　つみあげツリー
  - ふんわりネットツリー
  - 牛乳パックツリー
  - くるくるツリー
  - ペーパー芯のツリー
  - ネットのキラキラツリー
  - 紙テープのツリー
  - 0・1・2歳児　ペットボトルのツリー
  - お絵描きツリー
  - 紙粘土ツリー
  - まきまきツリー
  - コロコロツリーゲーム
  - 三角すいツリー
  - はなやかツリー
  - 0・1・2歳児　透明カップツリー

- ●リース・壁飾り ……………………………… 54〜57
  - ふさふさリース
  - 雪だるまリース
  - 0・1・2歳児　ステンドグラス壁飾り
  - クッキーリース
  - スクエアリース
  - 紙皿のリース
  - 0・1・2歳児　ふわふわリース
  - 色画用紙のリース
  - 紙皿の華やかリース
  - プチプチシートのリース
  - 小枝のリース
  - 模造紙のふわふわリース
  - ナチュラルリース①
  - ナチュラルリース②
  - ピカピカリース
  - 0・1・2歳児　ニコニコ紙皿リース

- ●ブーツ ………………………………………… 58・59
  - 0・1・2歳児　ブーツのモビール
  - おうちのブーツ
  - ナチュラルブーツ
  - キャンディブーツ
  - ボックス型プレゼント入れ
  - 牛乳パックのブーツ
  - ひも通しブーツ
  - シールはりのブーツ
  - ブーツ絵本

- ●オーナメント ………………………………… 60〜62
  - ミニ袋オーナメント
  - 色画用紙の円柱オーナメント
  - 雪の結晶オーナメント
  - 透明コップのエンジェルオーナメント
  - 紙粘土オーナメント
  - キラキラ天使のオーナメント
  - ペットボトルオーナメント
  - ゼリーカップのオーナメント
  - 色画用紙の天使オーナメント
  - しずく型オーナメント
  - 連結オーナメント
  - プレゼントのオーナメント

- ●カード ………………………………………… 63
  - お絵描きブーツカード
  - アドベントカレンダー
  - クリスマスカード
  - カウントダウン絵本

- ●平面 DE クリスマス ………………………… 64
  - クリスマスツリー
  - サンタクロース
  - オシャレな封筒

現場 photo!
- クリスマスツリーを飾ろう！ ……………………… 64

- コピーでカンタン！　型紙ページ ………………… 65

ハロウィン壁面

子どもと作ろう！

魔女さんの夜のおさんぽ

ハロウィンの夜は魔女たちがホウキに乗ってお散歩！
スズランテープを裂いて作ったホウキがリアルです。
壁面にはるときに、作品の後ろに小さなじゃばらを付けては
ると立体的に見えますよ。　作り方イラスト／マサキデザイン事務所

作り方

アレンジ

立体的に
魔女の体を円柱や円すいで作ると
立体的になってまた雰囲気も変わります。

ハロウィン壁面

カボチャおばけの ハロウィンパーティー

カボチャのおばけが集まってパーティーの真っ最中。
カボチャはだ円形の色画用紙をはり合わせて、カンタンに作れます。
オレンジの濃淡を工夫してみましょう。

作り方イラスト／マサキデザイン事務所

作り方

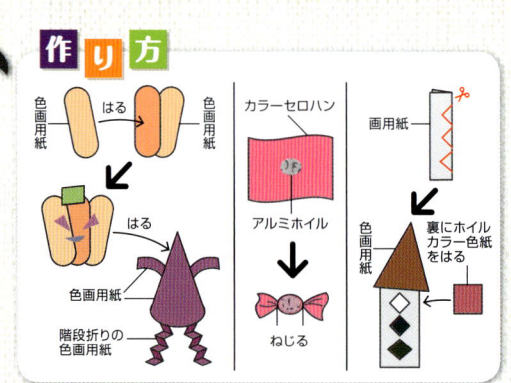

アレンジ
帯状の紙で
帯状の色画用紙をはって半円形の立体カボチャのでき上がりです。

ねばねばクモの巣

クモたちがねばねばのクモの巣でみんなをキャッチ！
虫やコウモリ、お菓子など、子どもたちの想像に任せて製作できると楽しいですね。

作り方イラスト／マサキデザイン事務所

作り方

クモの巣

コウモリ

クモ

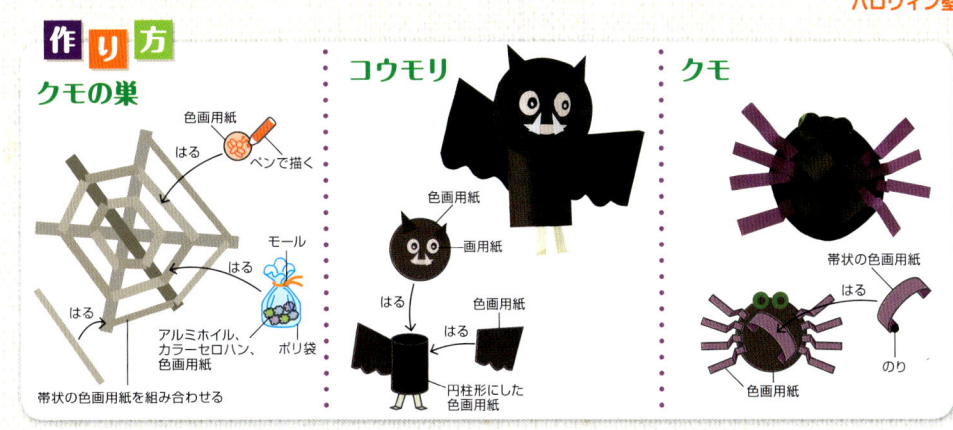

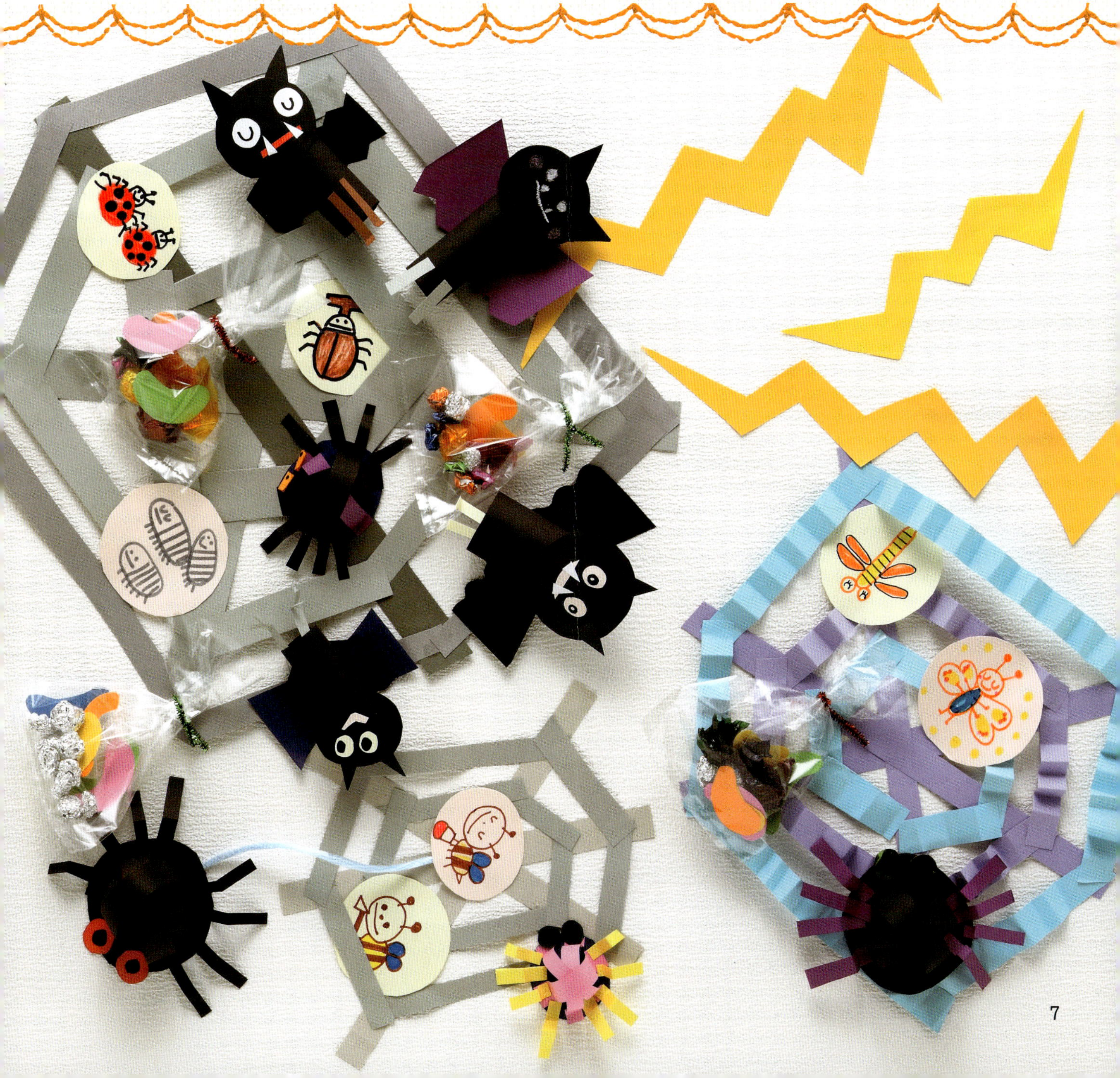

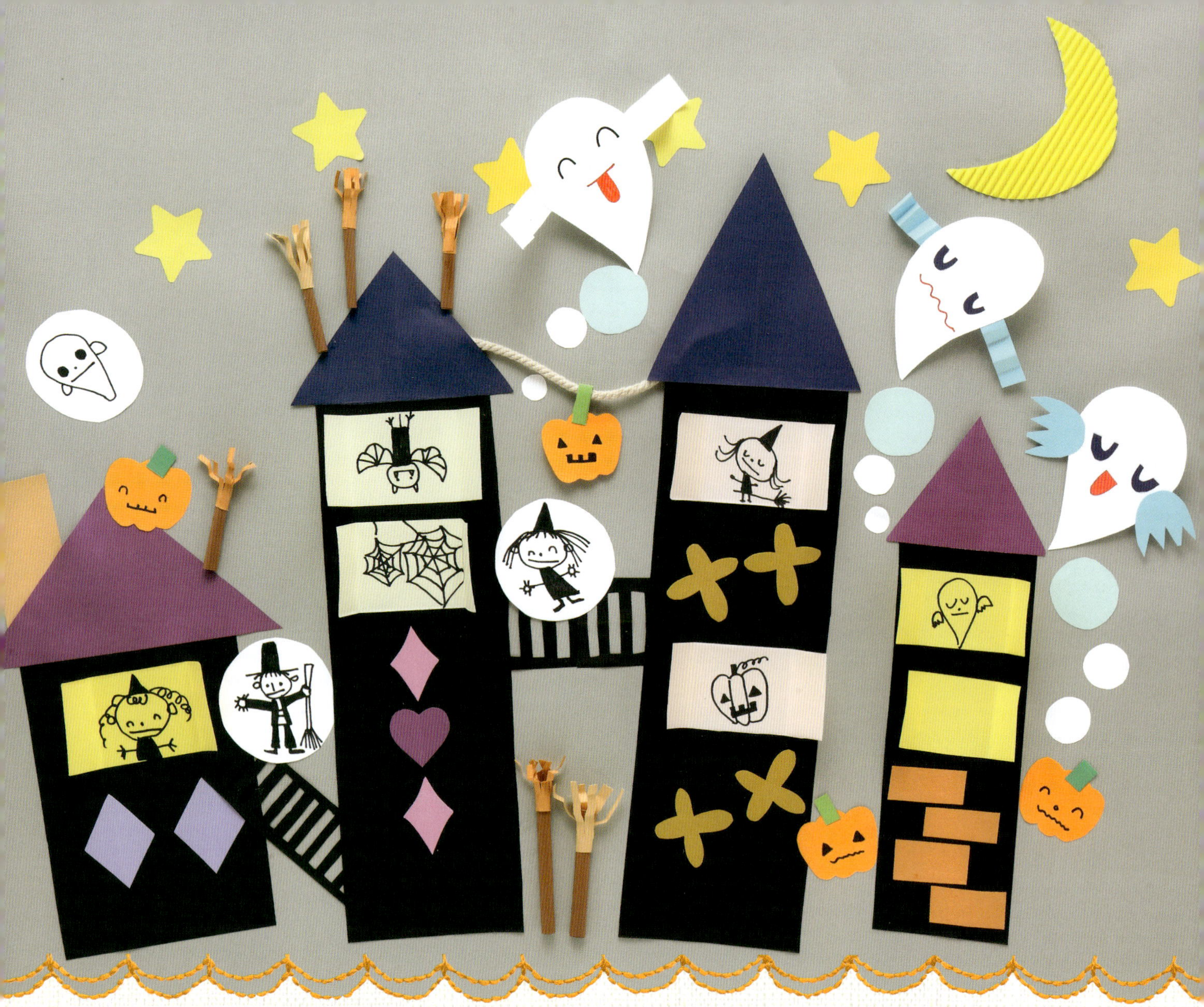

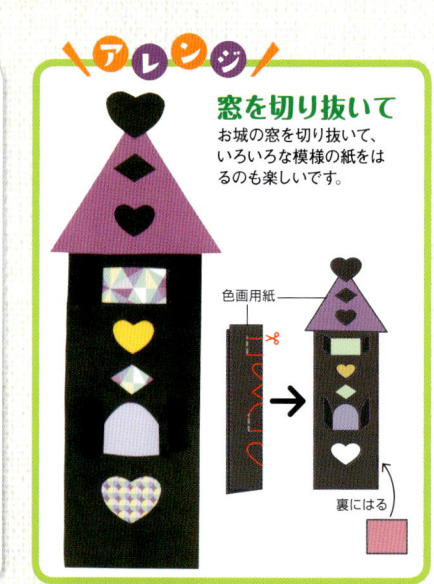

ハロウィン城へ ようこそ

ハロウィン城では、魔女やおばけたちが楽しく暮らしています。子どもたちが作ったお城をたくさん集めると、ダイナミックな壁面になりますよ！

作り方イラスト／マサキデザイン事務所

作り方

おばけ

お城

ほうき

アレンジ

窓を切り抜いて

お城の窓を切り抜いて、いろいろな模様の紙をはるのも楽しいです。

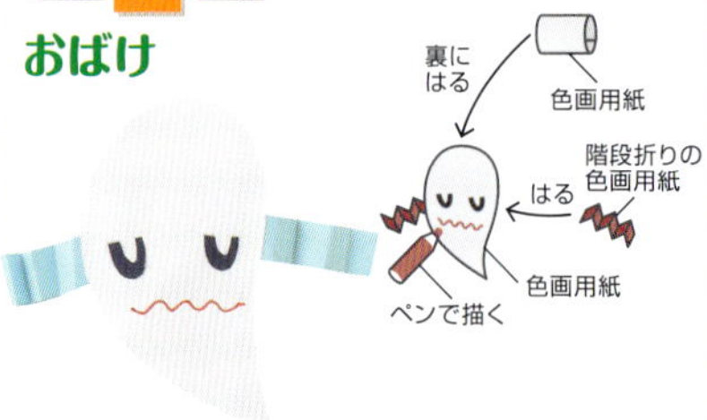

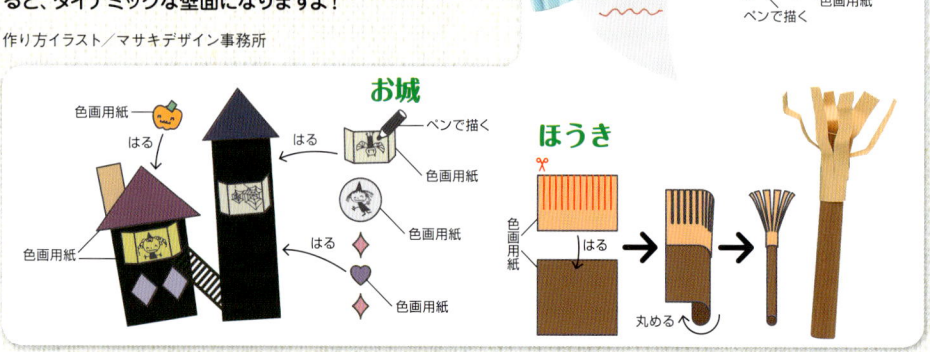

0·1·2 歳児

トリックオアトリート

ハロウィンのお菓子、みんなの大好きなペロペロキャンディ。キャンディはなぐり描きとシールはりを楽しんで作り、たくさん飾りましょう。

作り方イラスト／マサキデザイン事務所

作り方

アレンジ

スタンピング

たんぽに絵の具を付けて、トントントンとスタンピングを楽しみます。

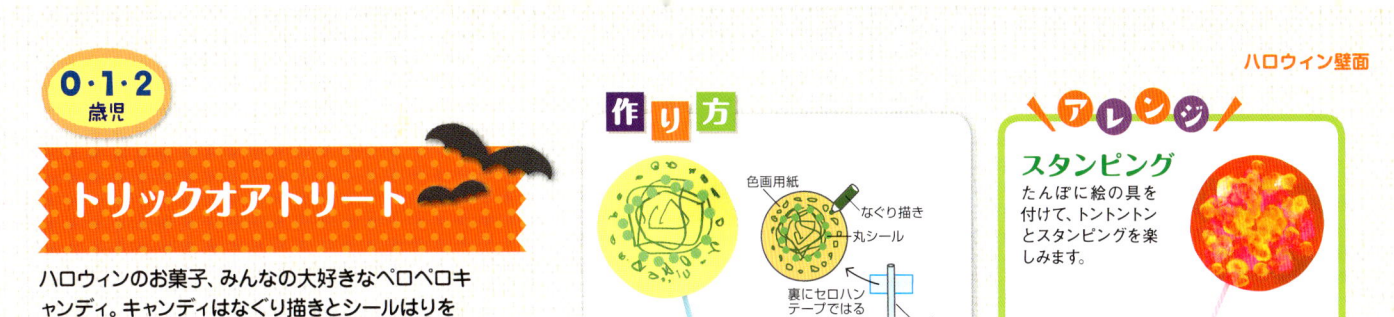

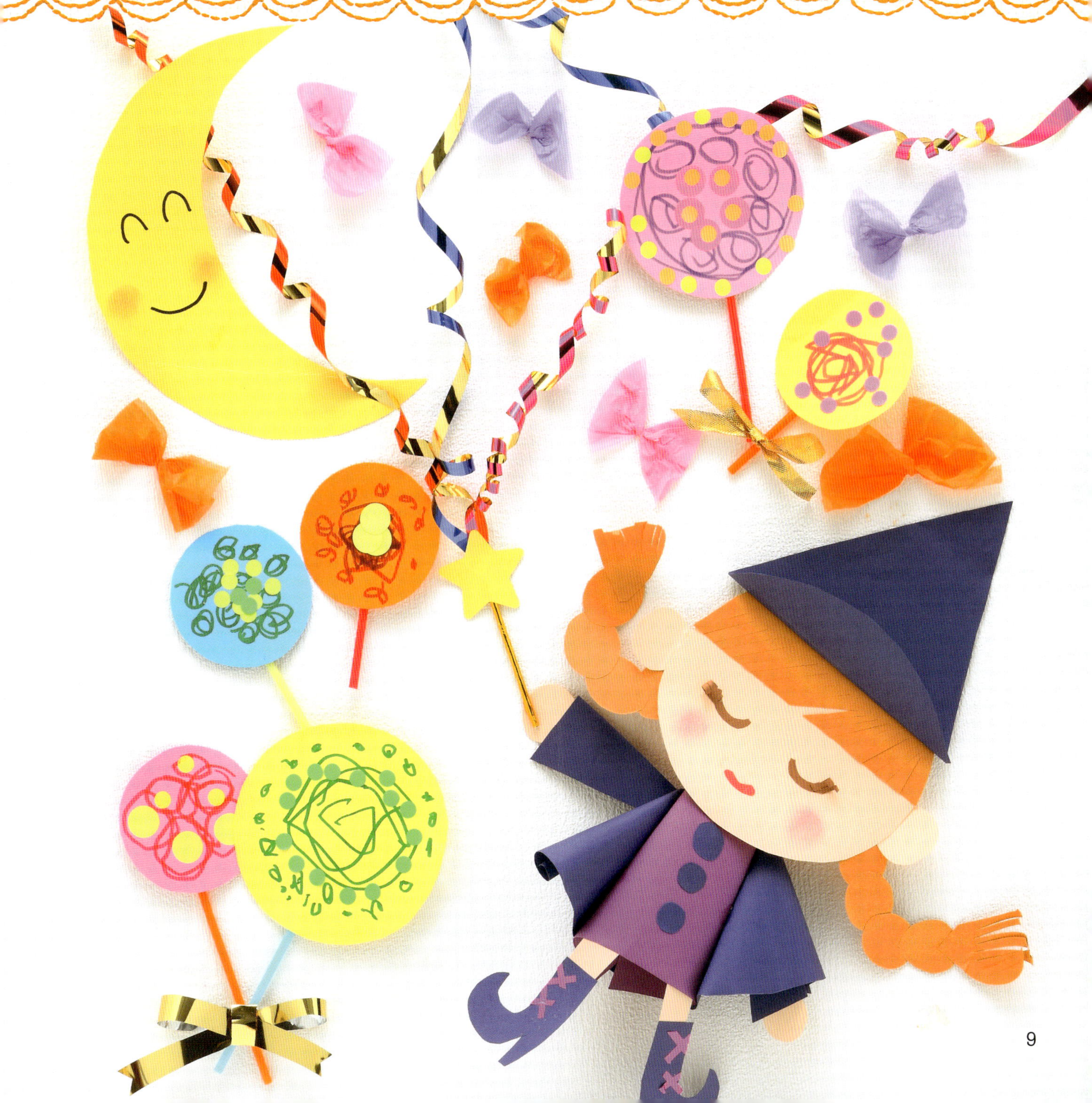

ハロウィンシアター

子どもが喜ぶ！

❶ペープサート
お菓子だいすき おばけどん

みんなのお菓子を全部食べちゃうおばけどん。チョコレートに、クッキー、キャンディ…どこにお菓子を隠そうかな？

案・製作／kit-chen　イラスト／中井舞（pocal）

用意するもの
- おばけどんのペープサート、たんす、お菓子（チョコレート、クッキー、キャンディ）、箱、布団（画用紙）
- ☐ 割りばし1ぜんまたはペープサート用竹ぐし
- ☐ 全芯ソフト色えんぴつなどの色彩具
- ☐ 両面テープ　　☐ セロハンテープ
- ☐ 牛乳パック　　☐ ハサミ
- ☐ 画用紙

作り方

[ペープサート]

❶ P.65の型紙を拡大コピーして着色し、余白を切り取る。

❷ 竹ぐしをセロハンテープで留める。

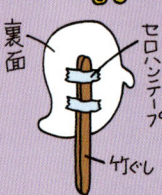

[お菓子の作り方]
P.65の型紙を拡大コピーして着色する

[箱の作り方]
牛乳パックを半分に切って、色画用紙などをはり、切り込みを入れる（キャンディを挟む）

※たんすはP.65の型紙を参考に画用紙に絵を描き、写真のように半分に折り目を付けて、立つようにする。
※布団は画用紙をくしゃくしゃにする。

1
● 箱を出しておく。

保育者 この町には、お菓子が大好きなおばけどんが住んでいて、お菓子を見つけると食べちゃうの

保育者 今日こそ、お菓子を食べられないように隠しておかなくちゃ

● チョコレートを見せ、箱の中に隠しながら。

保育者 このチョコレートは箱の中に隠しておこう！　みんな、おばけどんが来ても、どこにお菓子が隠してあるかないしょだよ

箱の中に隠しておこう！

2
● おばけどんを出す。

おばけどん お菓子だいすき〜食べたいな〜。どこかにお菓子ないかな〜？

● おばけどんを箱に近づける。

おばけどん くんくん…この箱の中からお菓子のにおいがするぞ〜

● チョコレートを見つける。

おばけどん おっ！　チョコレートだ〜！いただきま〜す。お菓子だいすき〜おいしいな〜

● おばけどんとチョコレートを下げる。

保育者 あれ!?　チョコレートがなくなってる！（箱をのぞき込み、やられた！という表情）あ〜おばけどんに食べられちゃったか〜

くんくん…

チョコレートだ〜！

あれ!?　チョコレートがなくなってる！

3
保育者 このクッキーはどこに隠そうかな〜？そうだ！　ポケットの中に入れておこう。これでよし！

● クッキーを出してポケットに入れる。

● おばけどんを出す。

おばけどん あっ、○○先生〜どこかにお菓子ないかな〜？

ポケットの中に入れておこう

型紙はP.65

ハロウィンシアター ①ペープサート

4
保育者　おばけどん、さっき私のチョコレート食べたでしょ！　もう～！！　クッキーが私のポケットに隠してあるだなんて、絶対に教えないんだから！　…あっ、言っちゃった～
おばけどん　くんくん…本当だ！クッキーだ～！　いただきま～す
保育者　こら～おばけど～ん！　待て～！！また逃げられた～
● おばけどんとクッキーを下げる。

5
保育者　チョコレートもクッキーも食べられちゃったけど、みんなで食べようと思って持ってきた、このキャンディだけは、おばけどんに見つからないようにしないと！
● キャンディとたんす、布団を出す。
保育者　いいことを思いついちゃった。キャンディを箱の中に入れて、上から布団をかぶせておけば絶対見つからない！
● キャンディを箱の中に入れて、布団をかぶせる。

保育者　どこに置いておこうかな。よしここにしよう
● キャンディ入りの箱をタンスの裏に移動させ、布団だけたんすの外に出す。

Point
キャンディ入りの箱だけをたんすの裏に置きます。箱の形を保ったまま、布団を移動させましょう。

6
● おばけどんを左右に動かしながら。
おばけどん　くんくん…あま～いにおいがするぞ～お菓子どこ～？
保育者　もう、お菓子は全部おばけどんが食べたからなくなっちゃったよ
おばけどん　え～そんな～。でも、キャンディのにおいがするぞ～。どこかに隠してあるんだな。どこだ～どこだ…
おばけどん　ここだ！
●「ここだ！」で、おばけどんで布団を勢いよくたたく。

7
おばけどん　あれ!?　違ったか～。本当にどこにもないや。ざんね～ん
● おばけどんを下げる。
保育者　みんな驚いた？　実はキャンディは…
● たんすからキャンディと箱を取り出し、箱の切れ込みにキャンディの絵を挟む。
保育者　このたんすの裏に隠しておいたんだよ～。うまく隠せてよかった！
保育者　じゃあ、さっそくキャンディを食べよう！それではみなさんいただきま～す！

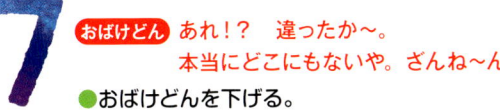

❷ペープサート
びっくり ハロウィン ウィン

動物たちが仮装しておばけになっていると、そこにやってきたのは本物のおばけ！？

案／阿部直美　製作／くるみれな
イラスト／中井舞（pocal）

用意するもの
- ウサギ、ブタ、おばけのペープサート
- ウサギ、ブタ、おばけの衣装
- 草の台3個
- □割りばし1ぜんまたはペープサート用竹ぐし
- □全芯ソフト色えんぴつなどの色彩具
- □両面テープ　　□セロハンテープ
- □ハサミ　　　　□色画用紙
- □丸シール　　　□カラーポリ袋
- □ビニールテープ　□牛乳パック
- □油粘土

作り方
[ペープサート]
❶ P.66の型紙を拡大コピーして着色し、余白を切り取る。

❷ 竹ぐしをセロハンテープで留める。
※おばけは表裏を両面テープではり合わせて、余白を切り取る。

[衣装]
P.66の型紙を拡大コピーしたものを参考にして、カラーポリ袋で作る。

※耳部分を切るのはウサギのみ。おばけの衣装のキツネ、ゾウは耳を付ける。
※おばけは泣き顔が表になるようにして、キツネ→パンダ→ゾウ形の衣装を順に着せておく。

[台]
牛乳パックを図のように切って油粘土を入れる。P.66の型紙を参考にして草部分を作り、はる。

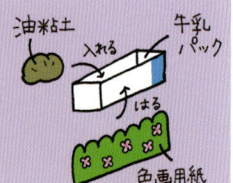

1
- 草の台を並べておく（向かって左からABC）。
  動物にはそれぞれの衣装を着せておく。

保育者 森の動物たちが、ハロウィンの日に仮装をしておばけになりました
- 『ハロウィン ウィンの歌』の1番を歌う。

保育者 ♪こわいおばけ　こわいおばけ
ハロウィンおばけはだあれ
ハロウィン　ウィン　ウィーン

2
保育者 さぁ、これはだれかな？
- 子どもの答えを待つ。

保育者 大当たり！　ウサギさんでした
- 衣装を取ってウサギを見せる。

ウサギ なんでわかっちゃったのかなぁ…（子どもに問いかける）そうか耳が出てたからなのね
- ウサギを草Aの立てる。

3
- ブタを持って、同様に『ハロウィンウィンの歌』の1番を歌い、子どもに問いかける。

保育者 さぁ、これはだれかな？
- 子どもの答えを待つ。

保育者 大当たり！　ブタさんでした
- 衣装を取ってブタを見せる。

ブタ なんでわかったのかなぁブイー…（子どもに問いかける）そうか鼻が見えていたんだね
- ブタを草Aに立てる。

ハロウィン ウィンの歌　作詞・作曲／阿部直美

型紙は P.66

ハロウィンシアター ②ペープサート

4

- 保育者 と、そのときです
- ●おばけを持つ。
- おばけ ハロウィ〜ン ウィ〜ン
  怖いだろ、お・ば・け〜

5

- ●ウサギを持つ。
- ウサギ わぁ、かっこいいゾウさんだね
- ●ウサギを元に場所に、おばけを草の台Cに立てる。
- おばけ えっ！ 怖くないの。よーし、それなら…
- ●ゾウ形の衣装を脱がせる。
- おばけ 怖いだろ〜〜ハロウィ〜ン ウィ〜ン！
- ●ブタを持つ。
- ブタ あははは。かっこいいね、パンダさんさすが！
- ●ブタを元の場所に戻す。

6

- おばけ えーっ！ ちっとも怖がらない。よーし…
- ●パンダ形の衣装を脱がせる。
- おばけ これならどうだ！
- ●ウサギを持つ。
- ウサギ わぁ、かっこいい！ キツネさんすてき！！
- ●ウサギを元の場所に戻す。
- ●キツネ形の衣装を脱がせ、表面の泣き顔のおばけを見せて左手に持つ。
- おばけ エーン。ぼく本当のおばけなんだよ。まだうまく化けられないから…みんなちっとも怖がらない…エーン、ウエーン

7

- ●ウサギ、ブタを右手に持つ。
- ウサギ 泣かないでおばけさん！ 怖くなかったけど、おもしろかったよ
- ブタ かわいいおばけ大好き！ 友達になろうよ
- おばけ わーい、うれしいな！
- ●おばけを裏面のにっこり顔にする。
- 保育者 こうしてみんなは仲よしの友達になってハロウィンパーティーをしたんだって！
- ●『ハロウィン ウィンの歌』の2番に合わせて自由に動かす。
- みんな ♪みんなうたおう みんなおどろう ハロウィンパーティー たのしいな ハロウィン ウィン ウィーン

13

❸マジック
ハロウィン キャンディマジック

絵に描いたキャンディが本物に!?
キャンディの移動はしぜんに行なうのがポイントです。

案／阿部直美　製作／くるみれな
イラスト／中井舞（pocal）

用意するもの
- キャンディのペープサート
- ハテナマークの台
- 本物のキャンディ1個
- □ 割りばし1ぜんまたはペープサート用竹ぐし
- □ 全芯ソフト色えんぴつなどの色彩具
- □ クラフトテープ　□ 両面テープ
- □ ハサミ　□ 色画用紙
- □ 牛乳パック　□ 油粘土

作り方

[ペープサート]

❶ P.67の型紙を拡大コピーして着色する。

❷ 竹ぐしをクラフトテープで留める。
※できるだけ作り物っぽくするとよい。

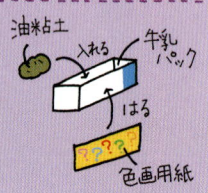

[台]
牛乳パックを図のように切って油粘土を入れる。P.67の型紙を参考にして作った色画用紙をはる。

[キャンディ]
本物のキャンディを演じ手の首の後ろに両面テープではり付けておく。

✂ 型紙はP.67

[たねあかし]
演じ手は首の後ろに両面テープで本物のキャンディをはり付けておき、3の困ったポーズのときにキャンディを取ります。
すばやく右手のひとさし指を伸ばし、そのほかの指を曲げてキャンディを隠します。3から4をすばやくしぜんに見えるように行なうのがコツです。
出てきたキャンディを食べてみせてもよいでしょう。

1
- ●台を置き、その後ろにペープサートを隠しておく。
- 保育者　ハロウィンの日にはお菓子がもらえるって知っていますか？
- ●両手を開いて、手に何も持っていないことがわかるようにする。

ハロウィンの日には…

2
- 保育者　それで、こんなキャンディを用意しました！　おいしそうでしょ
- ●ペープサートの表面を見せる。
- 保育者　えっ！？　紙に描いてあるだけ…欲しくない…だって？
- ●ペープサートの裏面も見せる。
- 保育者　ありゃ～あ～、そう言われちゃうと…
- ●ペープサートの表面を見せて台に立てる。

おいしそうでしょ

え！？

欲しくない…だって？

3
- 保育者　うう～ん、困っちゃう～～
- ●右手を首の後ろに持っていき、とても困ったしぐさをしながら右手ですばやく本物のキャンディを取って手の中に隠す。

うう～ん、困っちゃう～～

♪トリック オア トリート♪

4
- 保育者　でもだいじょうぶ！　魔法の言葉をかけると…
- ●右手ひとさし指を伸ばし、『トリック オア トリートの歌』を歌いながらペープサートの表面を渦巻き状になぞる。
- 保育者　♪トリック オア トリート おかしをくれなきゃ いたずらするぞ　エイッ！
- ●「エイッ！」とともに右手をパッと開いて本物のキャンディを見せる。

エイッ！

トリック オア トリートの歌　作詞・作曲／阿部直美

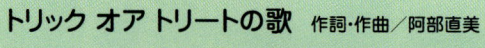

トリック オア トリート　おかしをくれなきゃ　いたずらするぞ　エイッ！

❹紙皿シアター
ハロハロハロウィン

紙皿でカンタンにできるしかけを使って、まちがい探シアター！ 子どもとのやりとりを楽しみましょう。

案・製作／kit-chen　イラスト／中井舞（pocal）

用意するもの
- ジャック・オ・ランタン、魔女、ミイラ、ガイコツ、先生、ひとつ目の紙皿シアター
- □紙皿
- □全芯ソフト色えんぴつなどの色彩具
- □ハサミ　　□のり

作り方
❶ P.67・68の型紙を拡大コピーして着色し、紙皿にはる

❷ 図のように切り込みを入れ、組み合わせる

✂ 型紙はP67・68

1
保育者：ハロウィンといえばこのカボチャのおばけ、ジャック・オ・ランタンが有名です。紙皿を見ていると不思議なことが起こります。ではよく見ていてね
● ジャック・オ・ランタンの紙皿を回しながら、節を付けて歌うように。
保育者：♪ハロハロハロウィン　トリックオアトリート〜

2
保育者：どこかが変わりました。どこが変わったかわかった人？
● 子どもの反応を受ける。
保育者：正解！ ひとつだけジャック・オ・ランタンがひっくり返っていました。正解したひとに拍手〜

3
● 以下、同様に魔女、ミイラ、ガイコツと進める。
保育者：では、次は魔女ですね。どう変わるでしょうか？
保育者：正解！ 魔女のホウキが魚の骨になってました。正解したひとに拍手〜

4
保育者：最後は先生ですね。どう変わるでしょうか？
● 先生の紙皿を回す。
保育者：どこかが変わりました？　あら！ おばけになっちゃいました
保育者：先生もおばけになってハロウィンパーティーに行ってきまーす！ ハロハロハロウィーン

Point
自分の顔の前に、ひとつ目になった紙皿を持ってきて、おばけに変身するとよいでしょう。

HAPPY ハロウィングッズ

すっかりおなじみになったハロウィン。魔女やカボチャのかわいいモチーフを使った楽しい製作をご紹介。日常の保育にも取り入れてくださいね。

監修／花岡千晶
案・製作／造形教育研究所「こどものアトリエ」
　　　　内本久美・大島典子・花岡千晶
作り方イラスト／マサキデザイン事務所

置く飾り　魔女さんのお城

お城は、画用紙で作った大小の円柱を構成して作ります。窓を開けたり、階段を付けたり、子どもが工夫して楽しめます。おばけ、ミイラ、コウモリたち、お城の住人がかわいいですね。

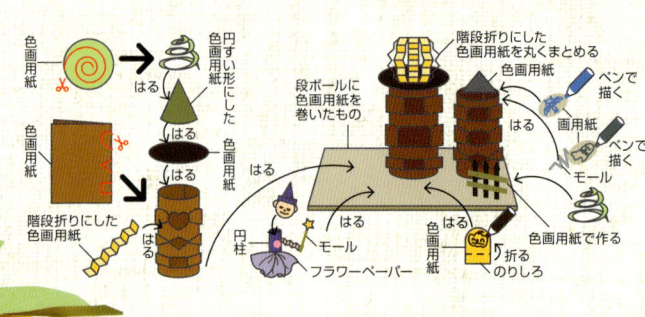

ハロウィングッズ 置く飾り

カボチャハウス

お菓子などの空き箱にカボチャの形の色画用紙をはって、でき上がり。魔女やドラキュラなど、ハロウィンの仲間を作って中に入れて遊べますよ。

コウモリの瓶づけ

瓶の中にはコウモリが…！ペットボトルの瓶に、色画用紙で作ったコウモリをぶら下げると、ユニークな置物の完成。

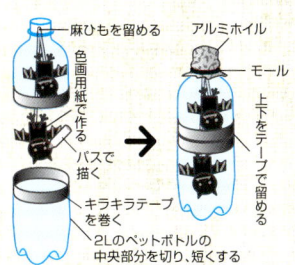

キャンディBOX①

キャンディは本物を入れても、アルミホイル＋カラーセロハンで作ってもいいですね。

キャンディBOX② 〔0・1・2歳児〕

ペットボトルの上下を合わせて入れ物に。シールはりやなぐり描きで飾るとかわいく変身します。

3Dフォトフレーム

3Dのからくりは、画用紙で作った紙バネ。カボチャやおばけを飾ってもいいですし、子どもの写真をはってもいいですね。

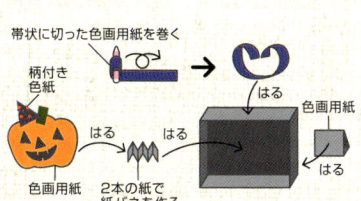

17

つる飾り

木の枝モビール
枝に毛糸を絡めるとハロウィンにピッタリの怪しい雰囲気に。色画用紙で作った円柱のカボチャたちがかわいらしさをプラス！

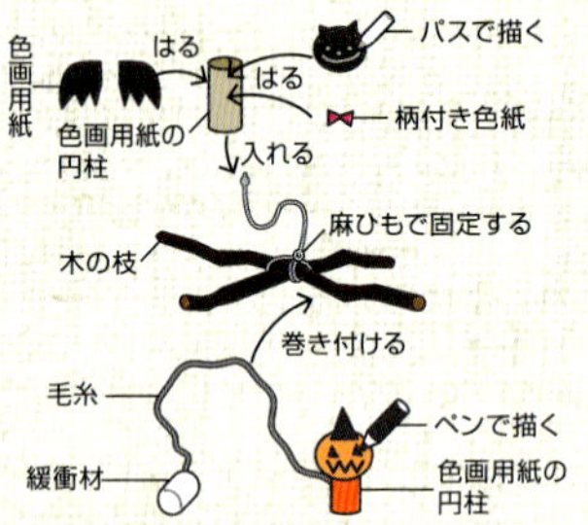

魔女のホウキ飾り
色画用紙で作った魔女を木の枝に挟んで留めます。木の枝を使うとシックな飾りになりますね。

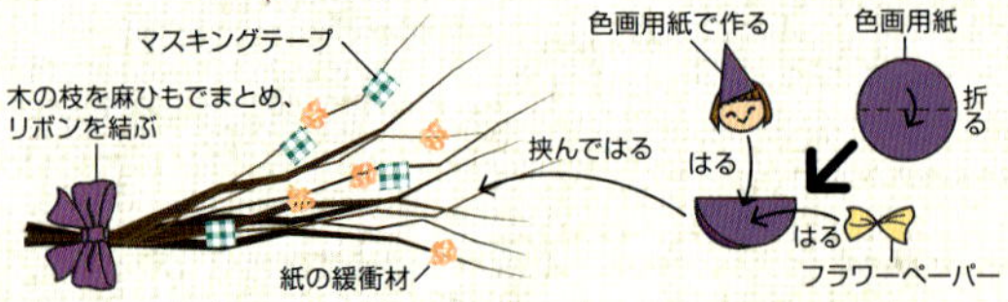

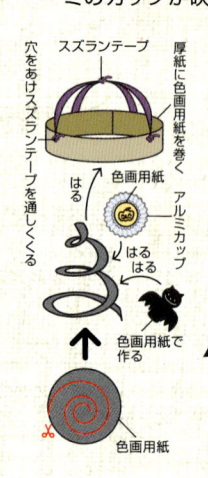

くるくる＆ピカピカ飾り
色画用紙をリンゴの皮むきの要領でハサミでちょきちょき。暗い色のくるくるした紙にアルミのカップが映えます。

ハロウィン網飾り
七夕製作でおなじみの網飾りをポリ袋で。ハロウィンのモチーフを付けて、保育室のコーナー飾りとして使えますよ。

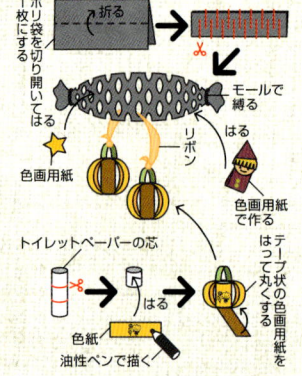

ハロウィングッズ　つる飾り

0・1・2 歳児　おばけ＆カボチャのモビール

果物ネットやポリ袋にフラワーペーパーなどを詰めておばけやカボチャを作ります。ひも通しも楽しめますよ。

フラッグガーランド

三角形に切った色画用紙に絵を描いて、間にトイレットペーパーの芯で作った魔女さんたちを飾ると、とってもキュートな三角旗に。

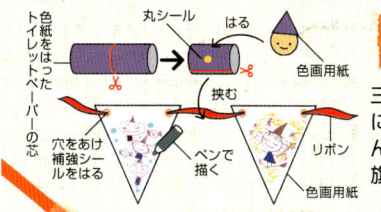

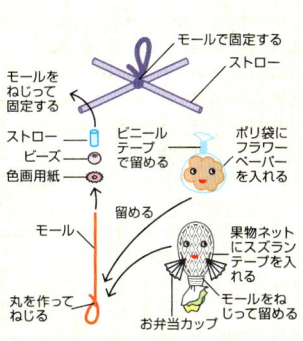

キラキラシャンデリア

テープやモール、透明のスプーンなど、キラキラした素材を使ってシャンデリアふうの飾りに。

カボチャの部屋飾り

カボチャは階段折りにして、目や口を切り抜いて作ります。掛け軸の形の台紙にキャンディとともに飾り付けるととってもキュート！

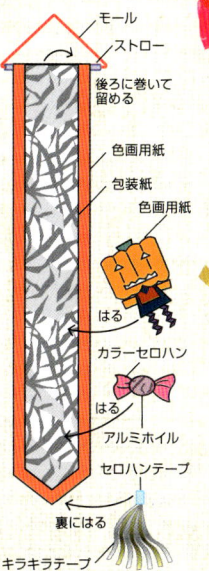

19

ハロウィングッズ 窓飾り 身に付けグッズ

身に付けグッズ

カボチャバッグ
お菓子の空き箱などをカボチャ形の色画用紙で挟んで作るカンタンバッグ。

うちわ型お面
うちわを使ってすぐにできちゃうハロウィンお面。仮装のアクセントとしても使えます。

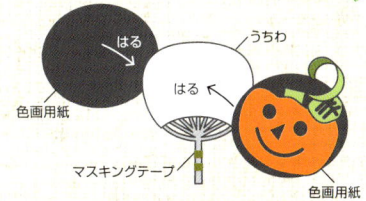

ジャック・オ・ランタン①
オレンジ系のフラワーペーパーを傘袋に詰め、ペットボトルに巻き付けるとカボチャの形に！

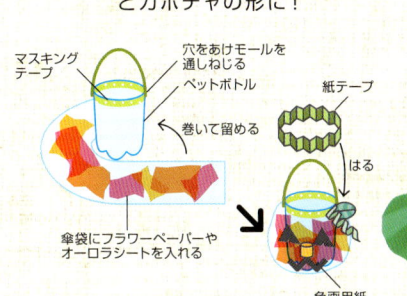

魔法のステッキ
丸シールとキラキラテープで飾った色画用紙でかわいい魔法のステッキの完成。

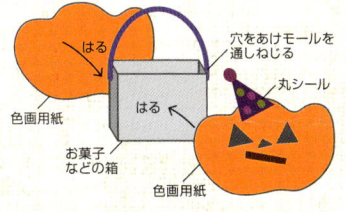

ジャック・オ・ランタン②
帯状のクリアフォルダーで作ったカボチャの中には、ろうそくがともっています。

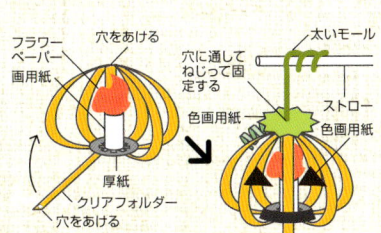

ハロウィンで遊ぼう

ハロウィンシアター

紙コップでできたハロウィンの人形はカンタンなのにとってもキュート！折り畳み式の本格シアターで、いろいろなお話を考えて遊びましょう。

コウモリ

魔女

おばけ

ジャック・オ・ランタン

黒ネコ

ミイラ

折り畳み式シアター

閉じてもかわいいシアター。折り畳み式なので、コンパクトに保管できますよ。

ハロウィンシアター

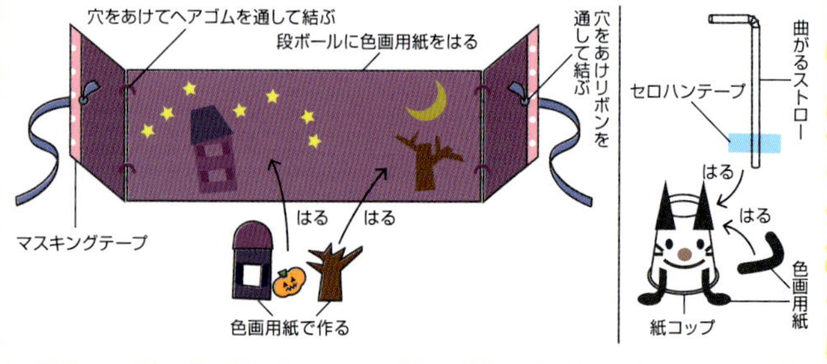

穴をあけてヘアゴムを通して結ぶ　段ボールに色画用紙をはる　穴をあけてリボンを通して結ぶ　曲がるストロー　セロハンテープ　はる　はる　はる　マスキングテープ　色画用紙で作る　色画用紙　紙コップ

クッキー

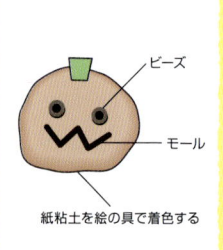

ビーズ　モール　紙粘土を絵の具で着色する

わたあめ

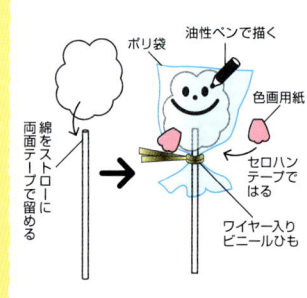

ポリ袋　油性ペンで描く　色画用紙　綿をストローに両面テープではる　セロハンテープで留める　ワイヤー入りビニールひも

ハロウィングッズ　ハロウィンで遊ぼう

お菓子を作ろう

クッキー
絵の具を混ぜた紙粘土をカボチャやおばけの形のおいしそうなクッキーに！

わたあめ
綿を丸めて透明の袋に詰めると、わたあめのでき上がり！

ペロペロキャンディ
ハロウィンキャラのキャンディはいかが？

ハロウィンつむつむ
グラグラ揺れるよ。いくつ積めるかな？

ゲームで遊ぼう

絵合わせカード
同じ絵柄を当てっこして遊びます。

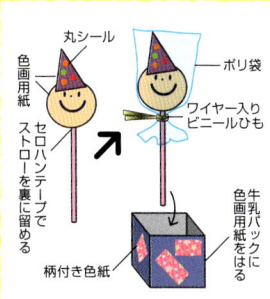
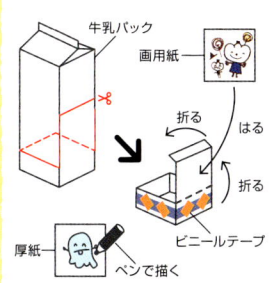

ペロペロキャンディ　組合わせカード　ハロウィンつむつむ

23

ハロウィンコスチューム CUTE♥

ハロウィンといえば仮装！ カラーポリ袋や色画用紙などで、カンタン＆本格的なコスチュームが作れちゃいます。みんなで魔女やおばけになり切って遊びましょう。

監修／花岡千晶 案・製作／造形教育研究所「こどものアトリエ」内本久美・大島典子・花岡千晶 作り方イラスト／マサキデザイン事務所

魔法使い＆魔女

プリティウィッチ
キャンディやレースペーパーをたっぷり飾った、ピンクを基調としたかわいらしさ満点のコスチューム。

やんちゃな魔法使い
くしゃくしゃのとんがり帽にはドクロのマークが…！ 赤いチョウネクタイがアクセントです。

とんがり帽の魔女
ブルーのマントをはおれば、魔女に変身！ 長いとんがり帽と魔法の本がポイント。

プリティウィッチ
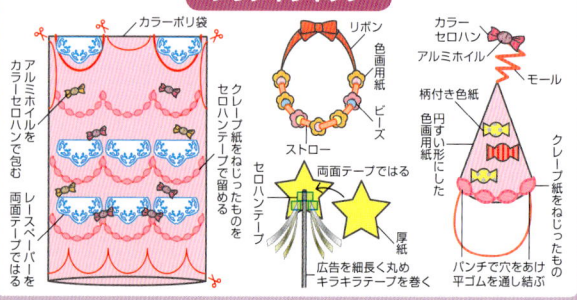

とんがり帽の魔女
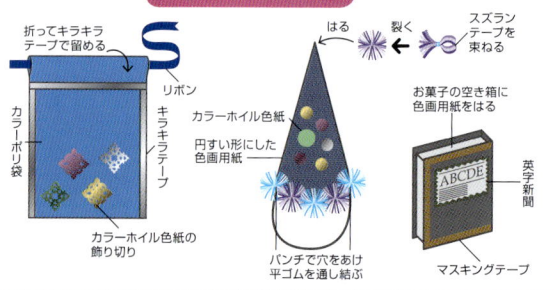

ドラキュラ

マントドラキュラ
赤と黒の2色使いのマントに、シルクハットとサングラスでこわ〜いドラキュラの完成！

タキシードドラキュラ
カチッとしたタキシードはカラーポリ袋でできちゃいます。小さなシルクハットがかわいいですね。

ハロウィンウィンウィン〜

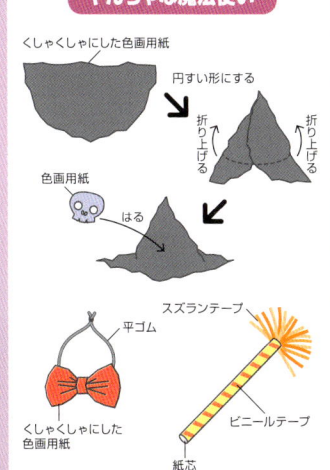

やんちゃな魔法使い

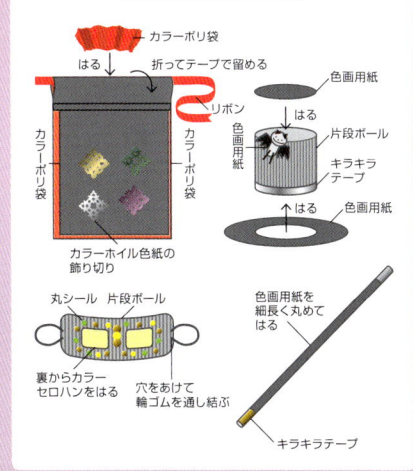

マントドラキュラ

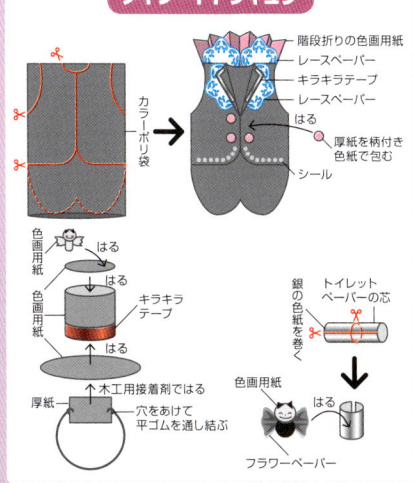

タキシードドラキュラ

おばけ & カボチャ & 黒ネコ

ビッグパンプキン

大きなカボチャのオレンジ色が印象的。頭を入れるところは紙袋で作ってかぶれるようになっています。

紙袋のまっしろおばけ

白い紙袋とポリ袋でまっしろおばけのでき上がり。ちょこんと乗った帽子がかわいいですね。

キュートキャット

ぴょこんと折れた耳がかわいい黒ネコさん。耳はカチューシャに色画用紙をはって作ります。

ビッグパンプキン

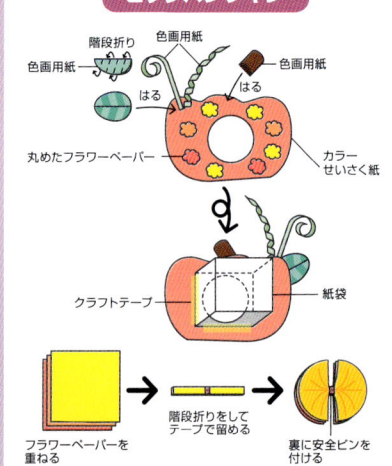

紙袋のまっしろおばけ

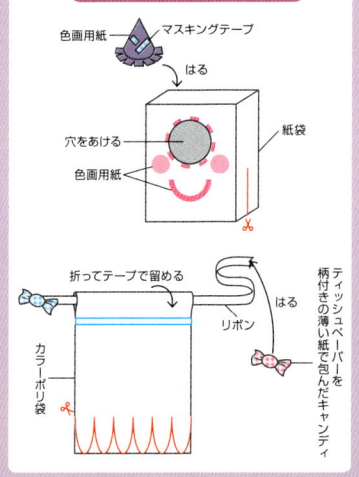

キュートキャット

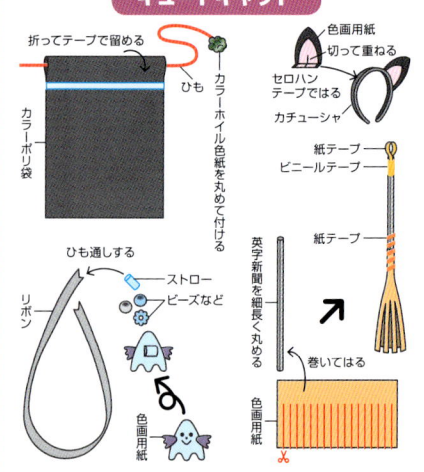

ハロウィンコスチューム

緑のカボチャおばけ
緑色のポリ袋に色画用紙のカボチャや星を飾っていきます。緑の帽子で完全コーディネート！

ブラックキャット
全身真っ黒のネコさん登場。ちょこっと見えたしっぽがかわいいです。お面は紙皿を使って作ります。

ふわふわおばけ
白くてふわふわのキュートなおばけ。白のポリ袋をキラキラテープや色画用紙で飾ります。

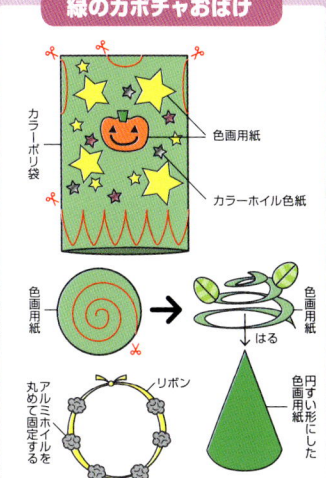

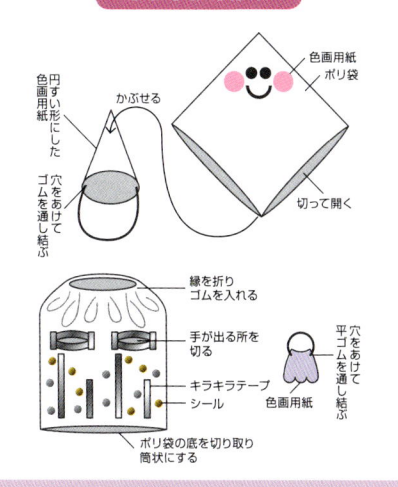

デビル＆コウモリ

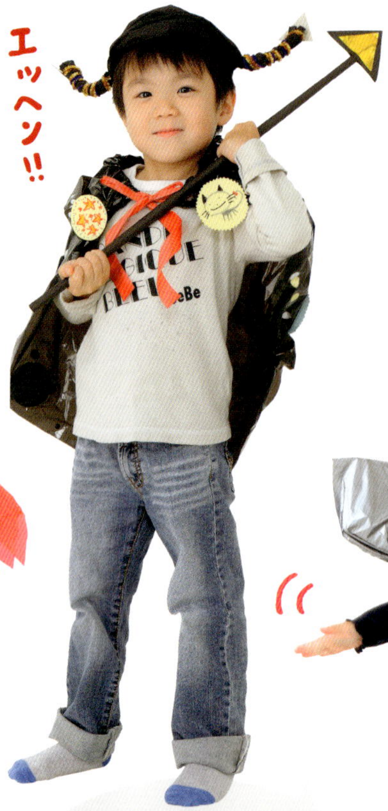

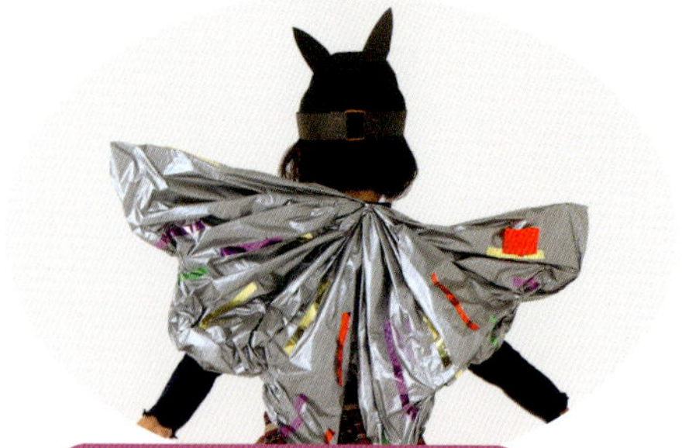

ツノツノデビル

ツノの付いた帽子はクレープ紙で形作ります。黒いマントと槍（やり）で強いデビルに変身！

レッドデビル

真っ赤な翼とひらひらのスカートがかわいいデビルちゃん。ツノにはビーズの飾りも付いて女の子らしさ満点です。

銀色コウモリ

銀色の羽はポリ袋＋キラキラテープ。背負えるようにゴム付きです。

レッドデビル

ツノツノデビル

銀色コウモリ

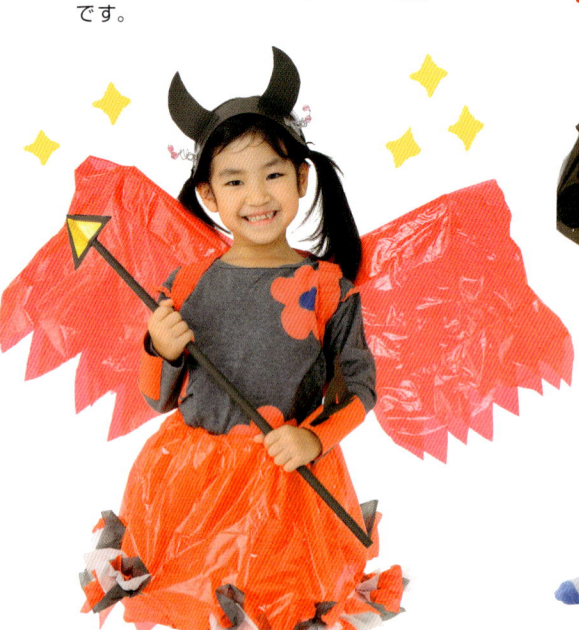

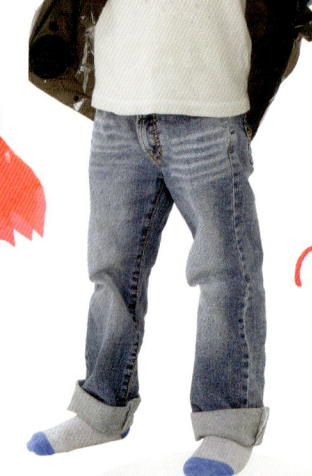

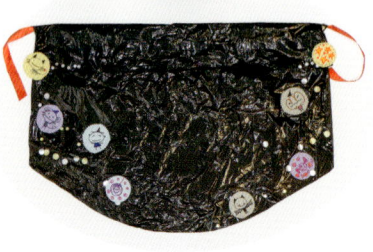

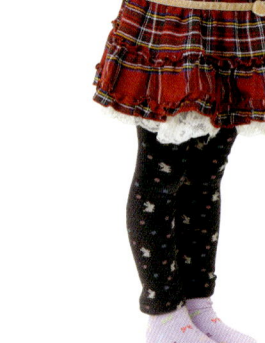

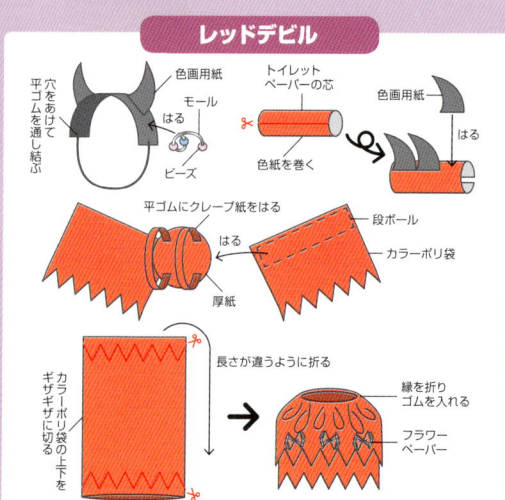

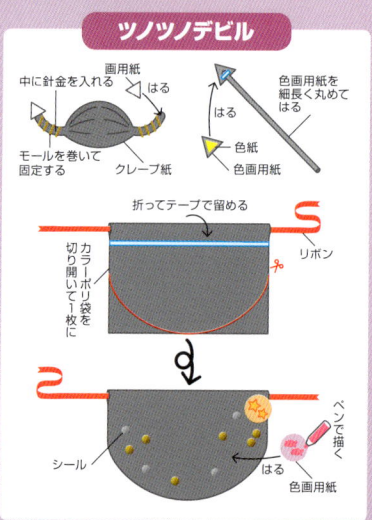

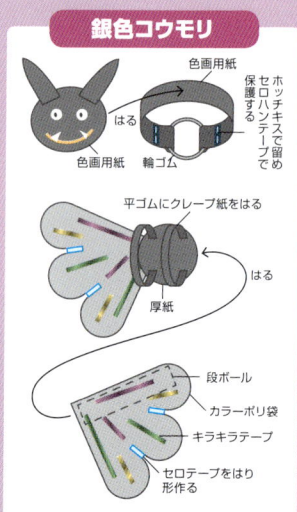

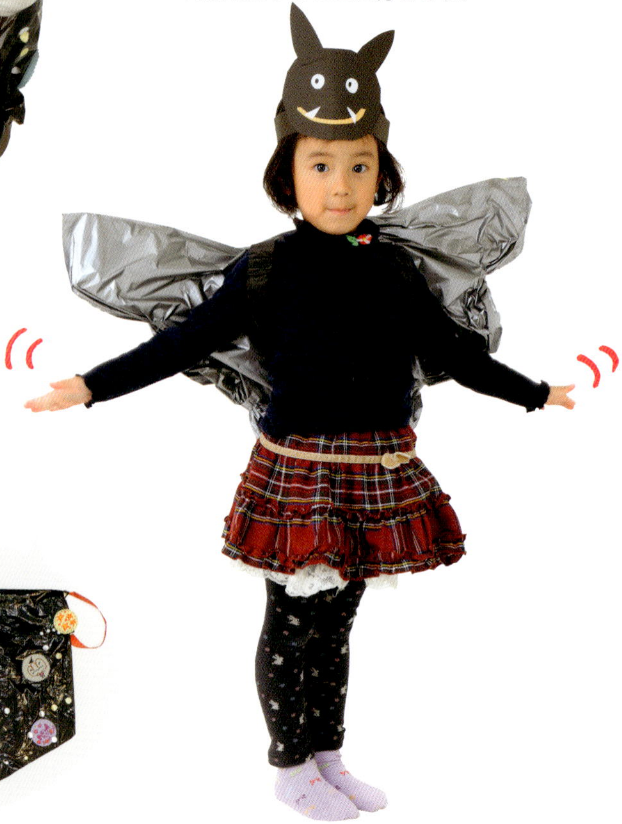

ハロウィンコスチューム

0・1・2歳児

魔法の帽子

黒色の画用紙に白のパスのなぐり描きと蛍光シールが映えます。

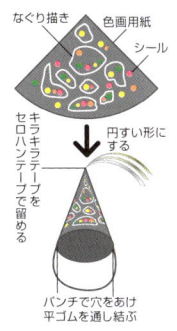

キャンディの妖精

紫色のクレープ紙に白い絵の具のスタンピングがおしゃれです。

カボチャケープ

オレンジ色＋緑色でかわいいカボチャ色に。子どもはシールはりを楽しみます。

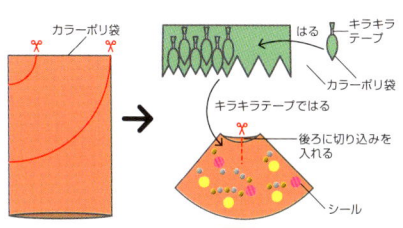

現場 photo!
仮装パーティー

用意するもの
・画用紙　・ハサミ　・フェルトペン
・のり　・手ふき　・画板
・ポリ袋　・キラキラテープ
・色紙　・フラワーペーパー
・セロハンテープ　など

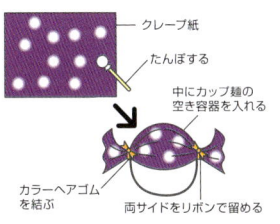

マントにはって

耳を作ってるよ

まず、なりたい動物の耳を作り、マントやスティック、ブレスレットなどをコーナーに分かれて作ります。完成したコスチュームを着て、低年齢児さんのお部屋におどかしに行きました。

何を飾ろうかな？

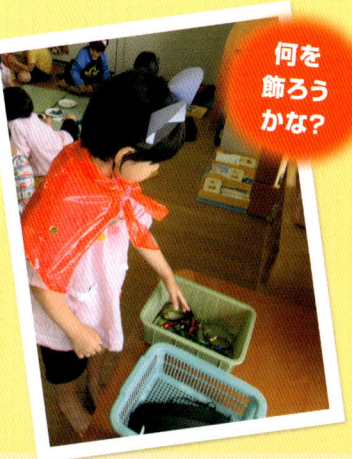

29

クリスマス壁面
子どもと作ろう！

メリークリスマス ハッピーツリー

色紙を折って簡単にできるツリーは、4面あるのでたくさん飾れて楽しめます。壁にはるだけではなく、つり下げたり置いたりしても飾れますよ。

製作・イラスト／秋山理香

アレンジ

3歳 レースペーパーで

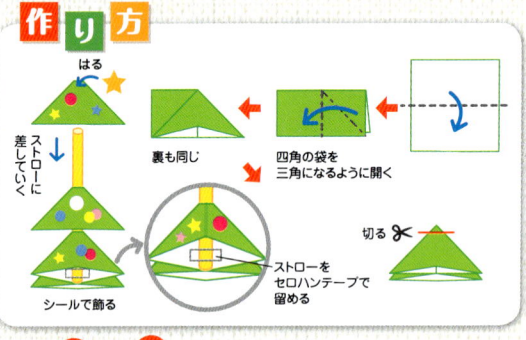

画用紙に絵を描いたら、レースペーパーを重ねて三角形に切り離します。

4歳 階段折りで

色紙をはりつけてから階段折りをして扇形に広げると、おもしろい模様にしあがりますよ。薄手の紙なら色紙以外でもOK！

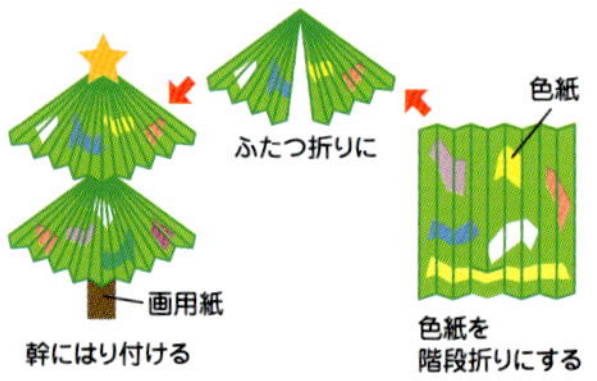

型紙はP.69

クリスマス壁面

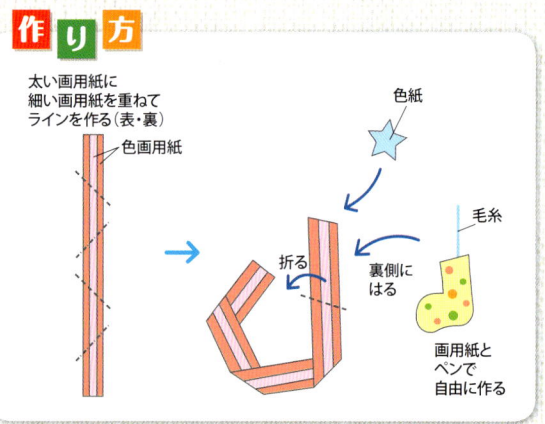

作り方

太い画用紙に
細い画用紙を重ねて
ラインを作る（表・裏）

色画用紙

色紙

折る

毛糸

裏側にはる

画用紙とペンで自由に作る

型紙は P.70

アレンジ

3歳

CDのキラキラリース

不要になったCDやDVDに、油性ペンで飾りを描くだけなのに、ピカピカしてとってもきれい。たくさんの色を使ってカラフルにしてあげましょう。
結んだリボンは両面テープではり付けます。

クリスマス壁面

サンタハウスで乾杯〜☆

とっておきのワインを出して、お友達も呼んで、今日はサンタさんのホームパーティー♪ リースは、画用紙の帯を輪になるように折って折って作っていきます。柄も自由にデザインしてね！

製作・イラスト／イケダヒロコ

アレンジ

4歳 プチプチシートリース
プチプチシートを土台にすると、透明感のあるリースに。

5歳児 プチ輪っかリース
輪にした画用紙を組み合わせるだけのカンタンリース。

Xmas ブーツ

よい子が寝静まったころ…こっそりサンタさんがやってきました。階段折りで作るブーツは本みたいにページがたくさん！
私はこれが欲しいな～と、お友達同士、会話も弾みますね。

製作・イラスト／藤江真紀子

型紙は P.71

作り方

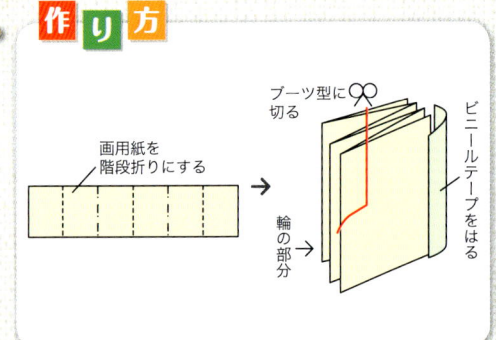

画用紙を階段折りにする → ブーツ型に切る／輪の部分／ビニールテープをはる

ポイント

いろんな広告紙を用意して、欲しいプレゼントをたくさんはっちゃおう！

キラキラ&ふんわリース

輝くリースのトンネルを駆け抜けるサンタさん。リースは、細長く丸めた不織布をアルミホイルで留めています。アルミホイルは簡単に形が作れるので、いろいろと工夫できて楽しいですね。

製作・イラスト／秋山理香

✂ 型紙は P.72

クリスマス壁面

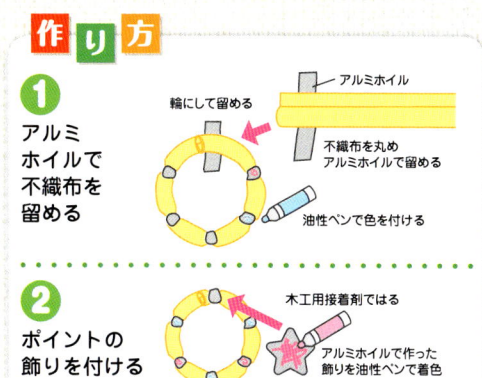

作り方

1. アルミホイルで不織布を留める
2. ポイントの飾りを付ける

アレンジ ジャバラリース

帯の色を変えて、カラフルにしてもいいですね。

飛び出す！ケーキパーティー

いろいろなケーキを持ち寄って、パーティーの始まり〜☆　自分が作ったケーキが飛び出すしかけでうれしさ倍増！　このポップアップは、子どもでも簡単に作れますよ。

製作・イラスト／イケダヒロコ

作り方

1. 画用紙でケーキを作る
2. ①をはってポップアップにする

アレンジ

片段ボールケーキ
帯の色を変えて、カラフルにしてもいいですね。

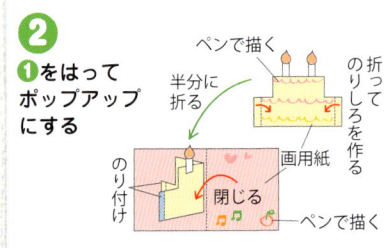

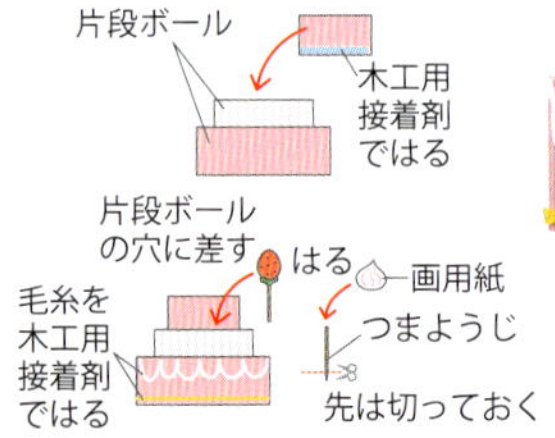

型紙は P.72

0・1・2 歳児

ペタペタツリー

流れ星に乗って、動物サンタがこんにちは！
ツリーは、クラフトパンチで抜いた画用紙を
子どもたちがはっていきます。いろいろな形
があるので、模様作りも楽しめますね。

製作・イラスト／藤江真紀子

型紙は P.73

作り方

ツリーを作ってスプレーのりを吹き付け（保育者）、飾りをどんどんはる（子ども）

最後に画用紙をのりではる
乗せていく

ポイント

スプレーのりではろう

スプレーのり
屋外で吹き付ける

複雑な形の画用紙もはれますよ！

クリスマス壁面

子どもが喜ぶ！ クリスマスシアター

❶マジック サンタさんの魔法

バラバラの文字カードが、サンタさんのパワーできれいに整理されてしまいます！

案／菅原英基　イラスト／早原りさこ（Office446）

現象
バラバラの文字カードの付いたロープをサンタボックスに入れると、文字カードが順番どおりに並び替わります。

用意するもの
- ロープ1本（150cmくらい）
- クリップなど挟めるもの10個
- 文字カード10枚
- サンタボックス1個
- 紙吹雪
- 油性フェルトペンなど

作り方

[文字カード]
P.74の型紙を拡大して着色する。

表　リ　メ　マ　ク　☆　ス　リ　☆　ス　リ
裏　☆　メ　リ　ー　ク　リ　ス　マ　ス　☆

[サンタボックス]
P.74のサンタのイラストを拡大コピーし着色して、適当な大きさの箱にはり付ける。

型紙はP.74

1
- サンタボックス、ロープ、文字カード、クリップを持って3人の保育者が登場。

保育者
今日はみんなにプレゼントがあるよ

今日はみんなにプレゼントがあるよ

2
- 10枚のカードを、裏側が「☆メリークリスマス☆」の順番になるようにロープに付ける。

こうやって付けていくと…

Point
カードの順番が重要です。間違えないように気をつけましょう。

3
保育者
あれれ…よくわからない言葉になっちゃった！

あれれ…よくわからない言葉になっちゃった！

おかしいよー

38

クリスマスシアター ❶マジック

4

保育者 そうだ！ サンタさんに助けてもらおう！

- さりげなくロープの左右を入れ替えて、写真のようにサンタボックスからロープの両端を出して入れる。

Point
サンタボックスにロープを入れるときは、3人でにぎやかに行ない、ロープの両端の入れ替えが目だたないようにします。

そうだ！ サンタさんに助けてもらおう！

リス★リス★クマメー

サンタボックスに入れて…

リス★マメー

入れて…

全部入った！

5

- ポケットから紙吹雪を取り出し、サンタボックスに振り掛ける。

保育者 スマスリクーリメ
スマスリクーリメ
サンタさん、
助けてくださーい！

スマスリクーリメ　スマスリクーリメ

サンタさん、助けてくださーい！

6

保育者 せーの！

- ロープを持った保育者は、息を合わせてロープを左右に引く（裏表が逆になり、カードが入れ替わったように見える）。

保育者 わぁ、『☆メリークリスマス☆』になってる！
サンタさんのおかげだね。
おしまい

せーの！ わぁ…！

★メリークリスマス★になってる！

☆メリークリスマス☆

Point
そのままクリスマス会などの飾りに使ってもいいでしょう。飾り付けるときは子どもの手の届かないところにしましょう。もちろん、裏も見えないように！

39

❷パネルシアター
クリスマスだ ヤッホー！

氷の国のクリスマスには、雪だるまのサンタさんがやってきます。みんなで楽しいクリスマスを過ごしましょう！

案／ケロポンズ
イラスト・製作／早原りさこ（Office446）

用意するもの
●サンタ、袋、ペンギン、帽子、アシカ、ボール、シロクマ、マフラー、ツリー、オーロラの絵人形
- □ Pペーパー（不織布）
- □ えんぴつ
- □ 油性フェルトペン
- □ のり
- □ パネル布
- □ ポスターカラー
- □ ハサミ
- □ オーロラシート

作り方

❶ P.75・76の型紙を拡大コピーし、Pペーパーに描き写す。
※ツリーは厚口のPペーパーの表裏に絵を描く。

❷ ポスターカラーなどで着色し、油性フェルトペンで縁取りしてハサミで余白を切り落とす。

[袋の作り方]
絵人形の裏に、ポケットを付け、その中に帽子、ボール、マフラーを入れておく。
※ポケットに入れたプレゼントが透ける場合は、コピー用紙を挟む。

[マフラーの作り方]
裏面にパネル布を裏打ちする。

[オーロラの作り方]
オーロラシートに、Pペーパーをはる。

✂ 型紙はP.75・76

1
● パネル布に、サンタとプレゼントを入れた袋をはる。

保育者 寒い氷の国に、雪だるまのサンタが住んでいました

サンタ 今日はクリスマス！よーし、みんなにプレゼントを配るぞ！

●『クリスマスだ ヤッホー！』を歌う。

保育者
♪ゆきだるまのサンタ　すべるよすべる
　きたかぜにのって　どこまでも
　クリスマスだ　ヤッホー
　クリスマスだ　ヤッホー
　クリスマスだ　ヤッホー
　メリークリスマス

「プレゼントを配るぞ！」

2
● ペンギンを出す。

サンタ ペンギンさん、メリークリスマス！はい、クリスマスプレゼントをあげるよ

● 袋のポケットから帽子を取り出す。

ペンギン わぁ、かわいい帽子！サンタさん、ありがとう

●『クリスマスだ ヤッホー！』を歌う。

「ペンギンさん、メリークリスマス！」
「わぁ、かわいい帽子！」

3
● アシカを出す。

サンタ アシカさん、メリークリスマス！

● 袋のポケットからボールを取り出す。

アシカ わぁ、ボール。ぼく、ボールで遊ぶの大好き！サンタさん、ありがとう

「アシカさん、メリークリスマス！」
「わぁ、ボール」

●『クリスマスだ ヤッホー！』を歌う。

4
- シロクマを出す。
  - **サンタ** シロクマさん、メリークリスマス！
- 袋のポケットからマフラーを取り出す。
  - **シロクマ** わぁ、かわいいマフラー！サンタさん、ありがとう
- 『クリスマスだ ヤッホー！』を歌う。

5
- **保育者** みんなが集まって、クリスマスパーティーが始まりました
- **みんな** ねえ、サンタさん。ツリーがないよ。どうしよう…
- **サンタ** うーん、クリスマスツリーがないとさみしいね〜。そうだ！　氷で作るのはどうだい？
- **みんな** いいね、そうしよう！　みんなで作ろう！

6
- **保育者** みんなで力を合わせて、よいしょよいしょと作ったので…
- 氷のツリーを出す。
- **保育者** 氷のツリーができ上がりました
- **みんな** やったー！！　あ、でも、飾りがないね…
- **サンタ** うふふ、ぼくにまかせて！
- サンタを動かしてオーロラを出す。
- **サンタ** それ〜
- **みんな** わぁ、オーロラだー！

7
- **保育者** すると、ツリーがにじ色に光り始めました
- ツリーを裏返す。
- **みんな** きれーい
- **みんな** すごいや
- **サンタ** みんなメリークリスマス！さぁ、いっしょに歌おう
- 『クリスマスだ ヤッホー！』を歌う。

クリスマスだ ヤッホー！　作詞／平田明子　作曲／増田裕子

ゆきだるま の サンタ　すべるよすべる　きたかぜに のーって　どこまでも
クリスマス だヤッホー　クリスマス だヤッホー　クリスマス だヤッホー　メリークリスマス

❸ パネルシアター
ゆきだるまを作ろう！

いろんなパーツを組み合わせてオリジナルゆきだるまを作ります。子どもたちとの掛け合いが楽しいです

案／ケロポンズ
イラスト・製作／早原りさこ（Office446）

用意するもの
- ゆきだるまの絵人形
- 顔などのパーツ（パネル布の重ねばり）の絵人形
  - ☐ Ｐペーパー（不織布）　☐ パネル布
  - ☐ 木工用接着剤　☐ えんぴつ
  - ☐ ポスターカラー　☐ 油性フェルトペン
  - ☐ ハサミ

作り方
❶ P.77・78の型紙を拡大コピーし、Pペーパーに描き写す。

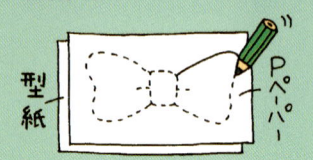

❷ ポスターカラーなどで着色し、油性フェルトペンで縁取りしてハサミで余白を切り落とす。

❸ 裏面にパネル布を、木工用接着剤ではり付けて裏打ちする。

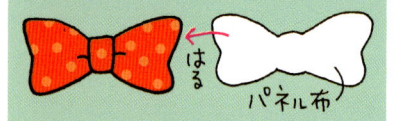

※ゆきだるま本体は、パネル布を裏打ちしない。

✄ 型紙は P.77・78

1
- 子どもが取りやすいように、顔などのパーツをパネルの端にはっておく。
- ゆきだるまの形を出す。

保育者 みんなに質問。これは何かわかるかな？

「これは何かわかるかな？」

2
- 子どもたちの反応を受けて。

保育者 いろいろな意見が出たね。正解は…
- 顔のパーツなどをはり、ゆきだるまを作る。

保育者 ゆきだるまでしたー！

「正解は… ゆきだるまでしたー！」

3
保育者 もうすぐクリスマス！クリスマスといえば、みんなはサンタさんからプレゼントをもらうよね。

「クリスマス！」

4
保育者 今日はこのゆきだるまに、顔や服をプレゼントして、すてきなゆきだるまをみんなに作ってほしいんだ。やりたい人ー？

「やりたい人ー？」「はい」「はーい」「はい！」

クリスマスシアター ③パネルシアター

5
● 子どもたちの反応を受けて。

保育者　はい、じゃあ○○ちゃんやってみてね

保育者　わー完成！　とってもかわいいゆきだるまになったね

かわいい ゆきだるま になったね

6
保育者　じゃあ次は○○くん、やってみよう

じゃあ 次は ○○くん

かっこいいでしょ！

● 以下同様に続ける。

できたー

ピョンピョーン

7
保育者　いろんなゆきだるまができて楽しかったね。また遊ぼうね！

いろんな ゆきだるまができて 楽しかったね

おしまい。

❹紙コップシアター
帽子の中に

風に乗って帽子がゆらゆら飛んできました。中には何が入っているのかな？

案・製作／kit-chen（小沢かずと、iku、鈴木翼）
イラスト／早原りさこ（office446）

用意するもの
- ウサギ、ヘビ、チョウチョウ、宇宙人の紙コップ
- 帽子（うちひとつはUFO）の紙コップ4つ
  - □ 紙コップ8つ
  - □ 色画用紙
  - □ ハサミ
  - □ のり
  - □ 油性フェルトペンなど
  - □ マスキングテープ
  - □ きらきら折り紙

作り方
❶ 拡大コピーしたP.79の型紙を使い、色画用紙を切り、紙コップにはる。

❷ 帽子は色画用紙をはり付けて、余分なところを切り落とす。紙コップの上部の白い部分はペンで塗る。

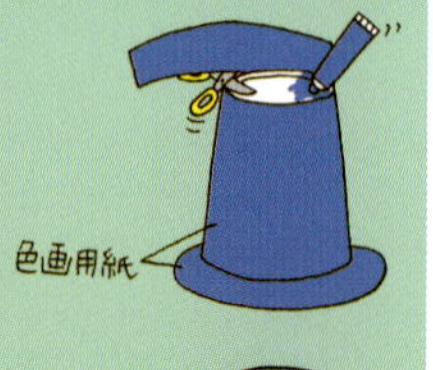

❸ マスキングテープをはる。（UFOにはきらきら折り紙をはる）

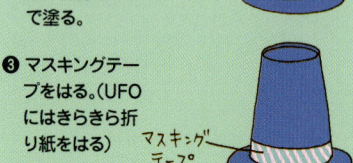

✂ 型紙は P.79

1
● ウサギの紙コップの上に、帽子の紙コップを重ね、左右にゆらゆら動かしながら。
保育者 風に乗って、帽子が飛んできたよ
● 帽子を机の上に置く。
保育者 ばさっ
今日はクリスマス。この帽子の中にみんなへのプレゼントが入っているみたい

帽子が飛んできたよ

2
● 帽子が跳ねているように上下に動かしながら。
保育者 ぴょんぴょんぴょん　ぴょんぴょんぴょん
保育者 プレゼント？　帽子の中に何かいるみたい
保育者 そっと帽子を取ってみよう
● 帽子の紙コップだけを取って、中のウサギを見せる。
保育者 わぁ！　ウサギさんだ！
● ウサギをぴょんぴょん動かしながら、退場させる。
保育者 ぴょんぴょん跳ねて、行っちゃった

わぁ！　ウサギさんだ！

ぴょんぴょん…行っちゃった

にょろにょろにょろ

3
● ヘビの紙コップの上に、帽子の紙コップを重ね、左右にゆらゆら動かしながら。
保育者 風に乗って、帽子が飛んできたよ
● 帽子を机の上に置く。
保育者 ばさっ
● 机の上で、くねくね動かしながら。
保育者 にょろにょろにょろ　にょろにょろにょろ
保育者 今度こそみんなへのプレゼントだと思うんだけど…
● 帽子の紙コップだけを取って、中のヘビを見せる。
保育者 わぁ！　ヘビさんだ！

ヘビさんだ！

44

クリスマスシアター ❹紙コップシアター

4
● 同様にチョウチョウの紙コップの上に、帽子の紙コップを重ね、動かしながら。
(保育者) 風に乗って、帽子が飛んできたよ
(保育者) ばさっ
● 上下左右に帽子を動かしながら。
(保育者) ひらひらひら　ひらひらひら
(保育者) これは…プレゼントかな？
● 帽子の紙コップだけを取って、中のチョウチョウを見せる。
(保育者) わぁ！　チョウチョウさんだ！

ひらひらひらひら
チョウチョウさん

5
● 同様に宇宙人の紙コップの上に、帽子（UFO）の紙コップを重ね、動かしながら。
(保育者) 風に乗って、帽子が飛んできたよ
(保育者) ばさっ
● 帽子（UFO）をくるくる回しながら。
(保育者) ぱぽぺぴぽ　ぽぺぱぴぷ
(保育者) 何かいるみたい
● 帽子（UFO）の紙コップだけを取って、中の宇宙人を見せる。
(保育者) わぁ！　宇宙人だ！
(保育者) 帽子じゃなくて、これ…。UFOだったんだ！
(保育者) すごーい！　初めて見た！

ぱぽぺぴぽ　ぽぺぱぴぷ
何かいるみたい
宇宙人だ！
わぁ！

6
● 宇宙人の紙コップを持ちながら。
(宇宙人) チキュウノ　ミナサン　コンニチハ
(宇宙人) UFO ガコワレマシタ　デモ ナオリマシタ
● 宇宙人にUFOを軽くかぶせる。
(宇宙人) ウチュウニ　カエリマス　サヨウナラ
● UFOの紙コップだけ、浮かし宇宙人を置いていく。
(宇宙人) パペー！！！
● また、UFOの紙コップを宇宙人にかぶせながら。
(宇宙人) サヨウナラ
● UFOの紙コップだけ浮かし、宇宙人をまた置いていく。
(宇宙人) パペー！！！
● 宇宙人が取り残されるやりとりを3回くらい繰り返す。

サヨウナラ
パペー！！！

7
● 宇宙人の紙コップを重ねながら、ゆらゆら動かし、そのまま退場させる。
(宇宙人) サヨウナラ
(保育者) 宇宙人さん、宇宙に帰れてよかったね。また帽子を見つけたら中をのぞいてみようね。今度はだれに会えるかな？

宇宙人さん　宇宙に帰れてよかったね
今度はだれに会えるかな？

Point
ほかにもカエルやミミズ、トンボなどのキャラクターを作ってみても楽しいですね。

45

❺紙コップシアター
サンタさんのプレゼント

サンタさんがプレゼントを持ってきてくれました。中身は何かな？

案・製作／kit-chen（小沢かづと、iku、鈴木翼）
イラスト／早原りさこ（office446）

用意するもの
- サンタさんの指人形
- 大・中・小のプレゼントボックスとそれぞれのプレゼント（クマのぬいぐるみ、車のおもちゃ、トナカイ）の紙コップ
- ☐ 紙コップ6つ　　☐ 色画用紙
- ☐ ハサミ　　　　☐ のり
- ☐ 油性フェルトペンなど

作り方

[サンタの指人形]
❶ P.79の型紙を拡大コピーし、色画用紙でサンタを作る。 
❷ 裏に指を入れる筒を付ける。

[紙コップ人形]
❶ P.44の紙コップ人形の作り方参照
❷ 紙コップ人形はそれぞれ重ねておく

小さいプレゼントボックス…クマのぬいぐるみ
中くらいのプレゼントボックス…車のおもちゃ
大きいプレゼントボックス…トナカイ

★ 型紙は P.79

1
- ●サンタの指人形を出す。
- **保育者**：サンタさんがやってきました
- **サンタ**：みんなメリークリスマス！ よい子のみんなにプレゼントをあげよう！
- ●大・中・小のプレゼントボックス（それぞれのプレゼントをセットしておく）を出す。 
- **サンタ**：大きいプレゼント、中くらいのプレゼント、小さいプレゼント、どれがいいかな？
- ●子どもの反応を受けて。
- **サンタ**：小さいプレゼントから見てみようかな

サンタさんがやってきました
どれがいいかな？

2
- **サンタ**：この小さいプレゼントボックスには何が入っていると思う？
- ●子どもの反応を受けて。
- **サンタ**：音がするなー。でもにおいはしないね
- ●プレゼントボックスを取って。
- **サンタ**：小さいプレゼントの中は…？ なんとクマのぬいぐるみでした！ クマのぬいぐるみがほしい人ー？
- ●子どもの反応を受けて。 
- **サンタ**：はい、どうぞ！（手渡すまねをする）

小さいプレゼントから
クマのぬいぐるみでした！
どうぞ！

3
- ●中くらいのプレゼントで同様に繰り返す。

中くらいのプレゼントは…
車のおもちゃでした！

4
- ●大きいプレゼントを出す。
- **サンタ**：最後は大きなプレゼント。中身は何かな？ 大きいし、ケーキかな？ クリスマスツリーかな？
- ●子どもの反応を受けて。
- **サンタ**：重たいな…なんだろう？
- ●プレゼントボックスを取って。 
- **サンタ**：大きいプレゼントの中は…？ え？ トナカイさん！！
- ●トナカイとサンタを動かしながら。
- **トナカイ**：やぁ、サンタさん！ メリークリスマス！ そろそろ次のお友達にプレゼントを配りに行く時間ですよ！ いっしょに行きましょう！
- **サンタ**：そうか、もうそんな時間か。では、みんなのところに会いに行くからね！ メリークリスマス！ ホッホッホー！
- ●サンタをトナカイに乗せて退場させる。

重たいな…
え？ トナカイさん！
みんなのところに会いに行くからね！
おしまい。

クリスマスシアター ⑤紙コップシアター
⑥マジック

⑥マジック
クリスマスファンタジー

リボンで結んだはずのオーナメントが…。からくりをしっかりマスターすれば、だれでもファンタジーを起こせちゃいます！

案／菅原英基　イラスト／早原りさこ（office446）

現象 リボンで結んだオーナメントが不思議にすり抜けてしまいます。

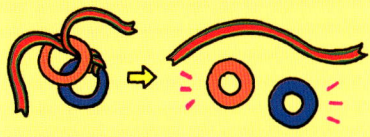

用意するもの
- □ リボン1本（150cmくらい）
- □ リング状のオーナメント2つ
- □ ハンカチ1枚

1
●リボンとオーナメントを持って登場。

保育者 これからクリスマスファンタジーを見せてあげましょう

クリスマスファンタジーを見せてあげましょう

リボンでオーナメントを結ぶ → もうひとつのオーナメントを通す

オーナメントを通して…

オーナメントは自由を奪われてしまいました

2
●リボンでオーナメントを結び、もうひとつのオーナメントを通す。 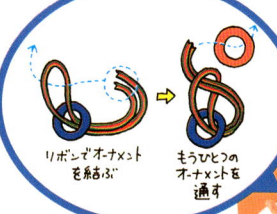

保育者 オーナメントは自由を奪われてしまいました

保育者 ではここからはお友達に手伝ってもらうよ。手伝ってくれる人ー？

手伝ってくれる人ーっ？

3
●子ども2人を選んで、ロープの両端を持ってもらい、ハンカチを掛けオーナメントを抜き取る。

保育者 クリスマスには不思議なファンタジーが起こります

ここを緩めて青いオーナメントをくぐらせる

クリスマスは不思議なファンタジーが起こります

4
●抜き取ったオーナメントを持ってポーズを決める。

保育者 オーナメントは自由になりました！

Point オーナメントを抜き取ったら、リボンからハンカチを落とすと不思議さが増します。

ほら！

オーナメントは自由になりました！

じゃーん

47

PRETTY クリスマスグッズ

ペットボトルや色画用紙など、身近な素材でカンタンにできるクリスマスにぴったりのアイテムをたっぷりご紹介します！

監修／村田夕紀・花岡千晶
案・製作／造形教育研究所「こどものアトリエ」
　　　　　内本久美・大島典子・花岡千晶
作り方イラスト／マサキデザイン事務所

ツリー

雪だるまツリー

空き箱と厚紙を組み合わせてツリーを作ります。紙テープやフラワーペーパーなど、いろいろな素材で飾り付けて楽しみましょう。
綿棒を2～3本組み合わせたものを壁にはって雪らしさを。作品といっしょに綿を置くと、さらに冬の雰囲気アップ！

クリスマスグッズ **ツリー**

うずまきツリー

丸い紙に模様を描いて華やかに。渦巻き状に切ってペットボトルに巻き付けるとツリーのでき上がりです。

プレゼントツリー

包装紙で作った小さなプレゼントでツリーを飾ります。ツリーを乗せた紙皿の縁にトナカイやプレゼントの絵も立ててかわいらしさアップ！

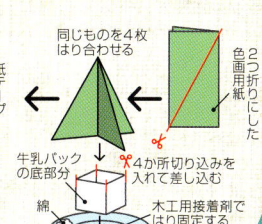

ふんわりネットツリー

ペットボトルにふんわりとネットをかぶせるとツリーに変身。ペットボトル内のアルミホイルやモールがキラキラと透けてきれいです。

0・1・2歳児

つみあげツリー

細長い紙にシールはりを楽しみます。三角に折り、積み重ねてあげると、かわいいツリーに。

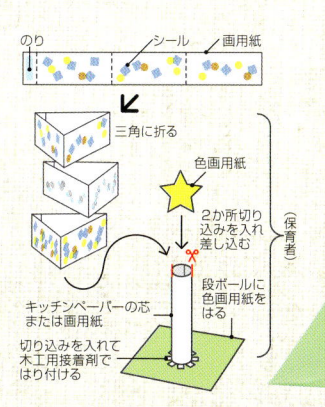

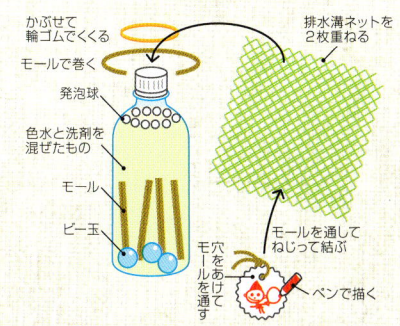

49

牛乳パックツリー

牛乳パックと色画用紙でツリーを作りました。牛乳パックの部分には綿を入れて…欲しいプレゼントや雪だるまなどお気に入りのアイテムを入れることができます。

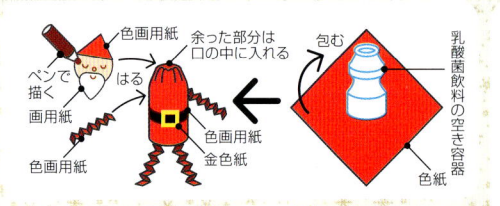

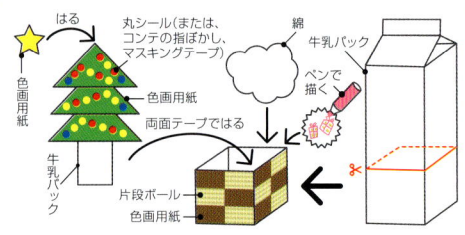

くるくるツリー

色画用紙をくるくる巻いたボリュームたっぷりのツリーです。サンタや雪だるまのモチーフを付けたり、フラワーペーパーをちりばめたりして華やかカラフルに！

クリスマスグッズ ツリー

ペーパー芯のツリー

ツリーの飾りをたくさん描いてツリーにはると…自分だけのオリジナルツリーになりました。

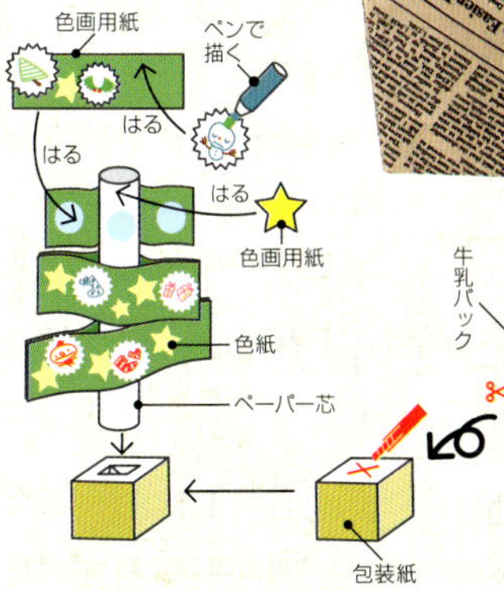

ネットのキラキラツリー

排水口ネットを使って、オシャレなホワイトツリーができました。星の飾りもかわいいですね。

排水口ネット
キラキラテープ
オーロラシート
輪ゴム
白い絵の具を混ぜた色水を
ペットボトル（小さいもの）

モール
ストロー
色画用紙
ビーズ
キラキラテープ
折り上げる
オーロラシート
輪ゴム

色画用紙
ペンで描く
はる
はる
色画用紙
色紙
ペーパー芯
牛乳パック
包装紙

紙テープのツリー

紙テープを、階段折りにしてツリー全体に巻いたり、ねじってリボンにしたりして、カラフルでかわいいツリーのでき上がり！

0・1・2歳児

ペットボトルのツリー

ペットボトルの中に緑のフラワーペーパーを詰めると、ツリーに大変身！根元の色画用紙をカールさせると華やかになってステキです。

丸シール
フラワーペーパー
ペットボトル（丸型）
入れる
色紙
モール
セロハンテープ
両面テープではる
はる
色画用紙の角を丸める

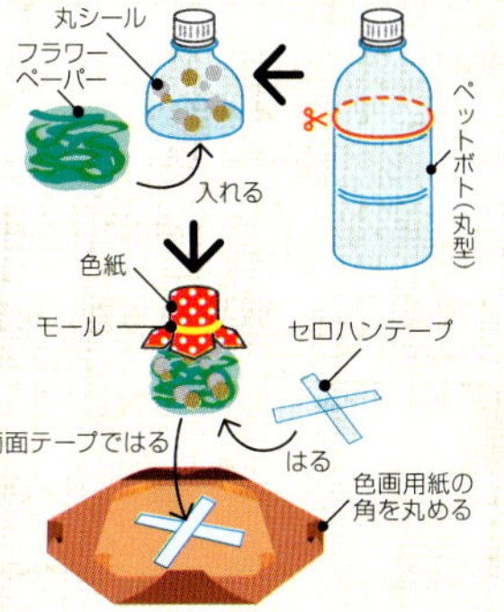

画用紙
ペンで描く
ねじった紙テープ
階段折りした紙テープ
ペットボトル
ビー玉
色画用紙
大小2つをはる
はる
切り込みを交互に折る

51

お絵描きツリー

紙コップと画用紙を組み合わせて作ったツリーに、描いた作品を立てて飾ります。輪っかがストッパーの役目になって、絵がちゃんと見えるのがうれしいですね。
飾るときは、細長く切った画用紙をくるくる巻いてランダムに置くだけで、おしゃれな雰囲気がプラスされます。

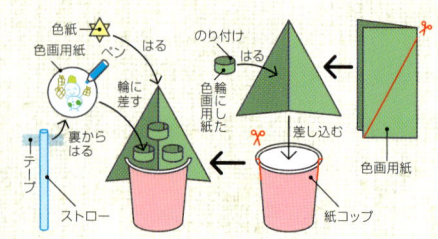

紙粘土ツリー

紙粘土にフラワーペーパーやモールなどをランダムに埋め込んでツリーを作ります。
ティッシュペーパーの空き箱に切り紙をはって飾り台に。雪だるまやサンタさんを描いて立ててもかわいい！

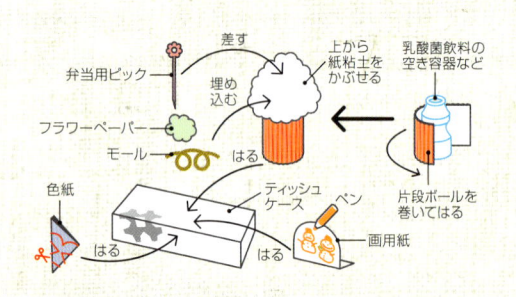

まきまきツリー

紙コップに毛糸を巻いて、ツリーに見たてます。毛糸にはあらかじめビーズを通しておいてもOK！ モールのステッキもかわいい！ 画用紙を山形に切って背景にすると子どもが描いた絵が映えてステキですね。

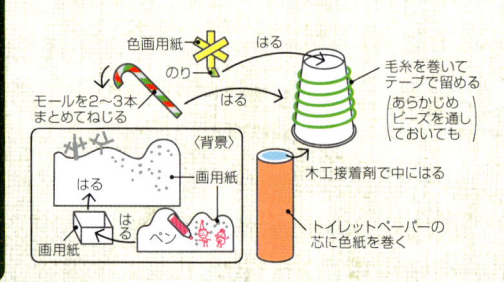

52

クリスマスグッズ ツリー

コロコロツリーゲーム

ランチパックを傾けて、ボールをプレゼントボックスの中に入れて遊びます。じょうずにはいるかな…？ 友達と競争しても盛り上がります。

中に入れる / 両面テープではる / アルミホイルを丸めたもの / のりしろ / フタをする / 両面テープではる / カラーセロハン

三角すいツリー

くるくる丸めた棒状の色紙を組み合わせるだけでできます。でき上がったらビニールでラッピングするとステキ！

色紙 / リボンで束ねる / 画用紙 / はる / 木工用接着剤ではり付ける / 綿 / はる / 段ボールに色画用紙をはる / 折り起こしていく / でき上がったら、ビニールで包む

はなやかツリー

ツリー型の色画用紙に、リボンでビーズなどをどんどん通して飾り付け。ビーズは大きめのものを使うと、低年齢児でも楽しめます（誤飲には注意しましょう）。

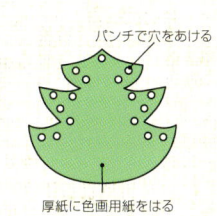

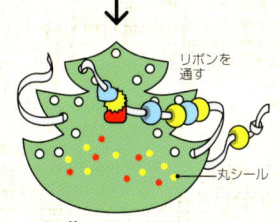

パンチで穴をあける / 厚紙に色画用紙をはる / リボンを通す / 丸シール / 画用紙 / まくらビーズ

透明カップツリー

透明カップの透け感を生かしたツリー。中に詰めたり外にはったりと、子どもたちの楽しむ要素が満載です。

0・1・2歳児

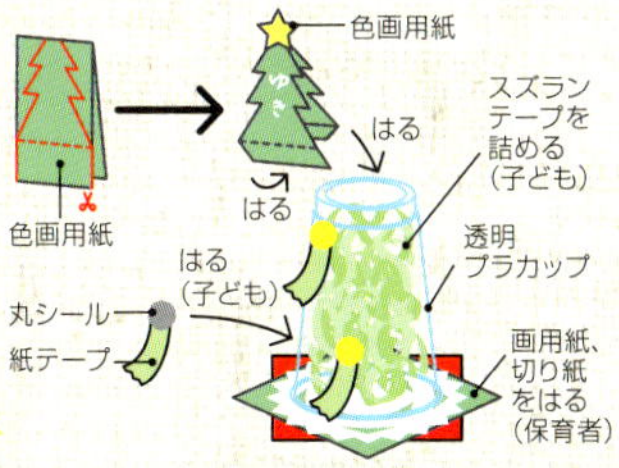

色画用紙 / はる / スズランテープを詰める（子ども） / 色画用紙 / はる（子ども） / 透明プラカップ / 丸シール、紙テープ / 画用紙、切り紙をはる（保育者）

53

リース・壁飾り

ふさふさリース

紙皿の周りに通した毛糸でボリュームアップ！ 中央のサンタは腕を立体的に作るのがポイントです。

穴をあけリボンを結ぶ
金の色紙
はる
紙皿
はる
色画用紙で作る
穴をあけ毛糸を結ぶ

雪だるまリース

片段ボールを三角に組み合わせて作ります。ゆらゆら揺れる仲よし雪だるまがかわいい！

リボンを結ぶ
片段ボール
銀の色紙の模様切りをはる
結ぶ
毛糸
木工用接着剤で固定する
パンチで穴をあける
色画用紙で作る

ステンドグラス壁飾り

0・1・2歳児

アルミホイルやカラーセロハンなど、光を受けて美しく見える素材でまとめました。窓辺に飾るといっそう輝いてきれいです。

クッキーリース

新聞紙をねじって紙テープをぐるぐる巻き付けると、リースの完成。紙粘土で本物みたいなクッキー作りも楽しめます。

穴をあけてモールを通す
マスキングテープで挟んではむ
洗濯のりを塗っておく
折る
アルミホイルをはる
セロハンをはる
クリアフォルダー

紙粘土に絵の具を混ぜる
型抜きをする
木工用接着剤ではる
ビーズを埋め込んで乾燥させる
リボンを結ぶ
紙テープを巻いていく
新聞紙をねじり輪にする

54

クリスマスグッズ　リース・壁飾り

スクエアリース

四角い形のリースも新鮮ですね。毛糸を巻くことで、モコモコして温かみのあるゴージャスなリースになります。

紙皿のリース

紙皿の中を切り抜くとりっぱなリースに！　飾りをたくさんはると、カンタンなのに存在感のある雰囲気にしあがります。

ふわふわリース

ボリューム満点のリースができました。傘袋の中に詰める白いフラワーペーパーの間に見えるカラフルな色がアクセントになって、かわいいリースのでき上がり！

0・1・2歳児

色画用紙のリース

色画用紙をもんで輪にしてリースを作りました。コットン球が雪のようでかわいらしいですね。

55

紙皿の華やかリース

紙皿を半分切り起こし、飾りを付けてリースに。サンタを作ったり、プレゼントを描いたり、楽しいクリスマスの日を表現しましょう。

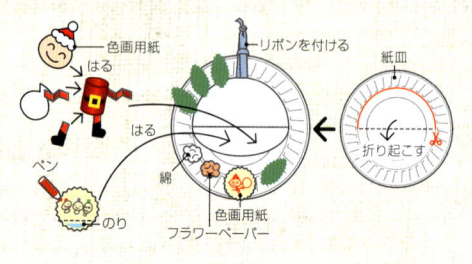

プチプチシートのリース

プチプチシートをアルミホイルやカラーセロハンといっしょに巻くと、キラキラ透け感のある華やかなリースに！ 中央の天使たちも映えますね。

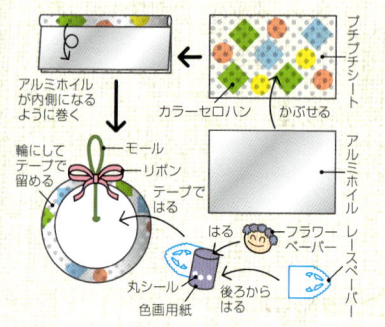

アレンジ

リースにせずに小枝を束ねるだけでもかわいい壁飾りになります。

小枝のリース

お散歩で拾った小枝で作るとうれしいですね！サンタやトナカイの絵を描いて飾ります。マスキングテープや毛糸でカラフルにしあげましょう。

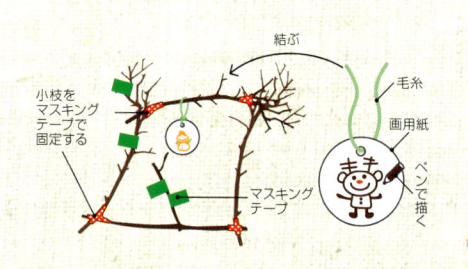

クリスマスグッズ　リース・壁飾り

模造紙のふわふわリース

模造紙をねじって輪にし、紙テープやフラワーペーパーで飾り付け。ゼリーカップで作るベルが本物らしさをアップしています。

ナチュラルリース①

4枚の段ボールを組み合わせたものに、毛糸や紙粘土、自然物などで飾り付けます。

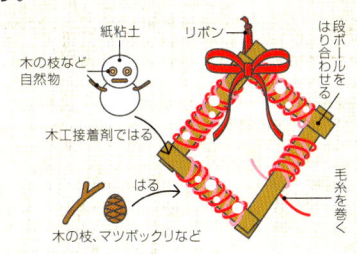

- 紙粘土
- 木の枝など自然物
- 木工接着剤ではる
- 段ボールをはり合わせる
- リボン
- 毛糸を巻く
- 木の枝、マツボックリなど

- ねじった模造紙を輪にしてテープで留める
- 穴をあけてモールを通す
- ひとロゼリーの空き容器を色紙で包む
- リボン
- 紙テープを巻く
- リボンに付ける
- フラワーペーパー
- のり
- 綿
- はる
- 色画用紙
- はる

ピカピカリース

アルミ皿やアルミカップ、カラーセロハンなど、キラキラ素材で作るゴージャスリースは、クリスマスにピッタリ！

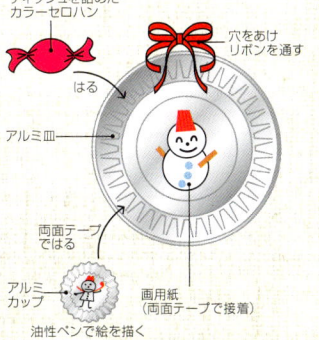

ナチュラルリース②

段ボールの星型を土台に、自然物を中心に飾り付けます。ナチュラルな雰囲気たっぷりのリースです。

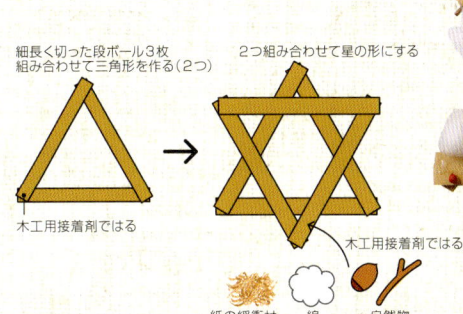

- 細長く切った段ボール3枚組み合わせて三角形を作る（2つ）
- 2つ組み合わせて星の形にする
- 木工用接着剤ではる
- 木工用接着剤ではる
- 紙の緩衝材
- 綿
- 自然物

ニコニコ紙皿リース

紙皿の周りをフラワーペーパーで飾り付けたかわいいリース。中央に子どもの写真をはって飾るといいですね。

- ティッシュを詰めたカラーセロハン
- はる
- 穴をあけリボンを通す
- アルミ皿
- 両面テープではる
- アルミカップ
- 画用紙（両面テープで接着）
- 油性ペンで絵を描く

- 穴をあけリボンを通す
- フラワーペーパーをはる（子ども）
- 色画用紙
- はる
- 紙皿
- 子どもの写真

0・1・2歳児

57

ブーツ

ブーツのモビール
0・1・2歳児

ユラユラ揺れるミニブーツがとってもかわいらしいですね。身近な素材で作れるので、材料集めがカンタンなのもうれしいです。

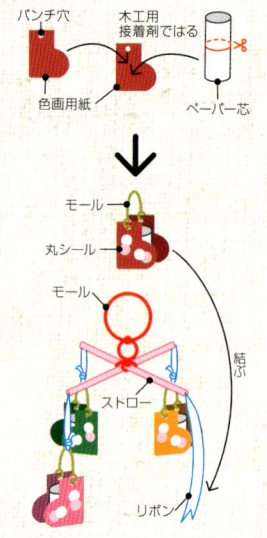

おうちのブーツ

ティッシュペーパーの箱にブーツの形の色画用紙をはって作ります。赤いブーツを家に見たて、屋根には白い雪が降り積もっています。窓を開けると…。

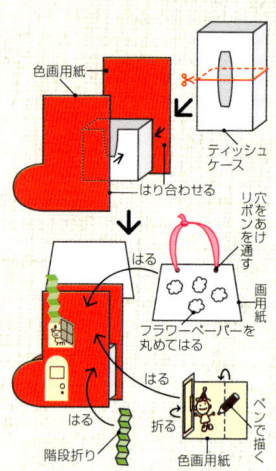

ナチュラルブーツ

クレープ紙や茶封筒、綿を使って柔らかな印象に。大きなトナカイがポイントになっています。クリスマスにちなんださまざまなモチーフを作って、バリエーションを増やすこともできます。

キャンディブーツ

牛乳パックでブーツを形作り、白いレジ袋で包みます。セロハンとアルミホイルで作ったキャンディがとってもカラフルです。中に本物のおやつが入っていると、子どもたちも大喜び！

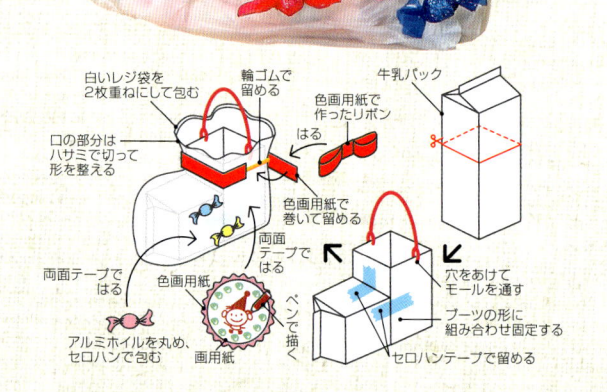

クリスマスグッズ　ブーツ

ボックス型プレゼント入れ

ティッシュケースを利用して、ブーツの形のプレゼント入れに。飾り付けは年齢に応じて選んでくださいね。

〈3〜5歳児〉ペン／色画用紙
〈0〜3歳児〉ツリーの紙をはっておく（保育者）／子どもがはる／色画用紙／丸シール

穴をあけてモールを通す／フラワーペーパー／両面にはる／のり／はる／ティッシュケース

牛乳パックのブーツ

牛乳パックをふたつ組み合わせてブーツができました！　飾る面がたくさんあるので、切り紙も存分に楽しめますね。

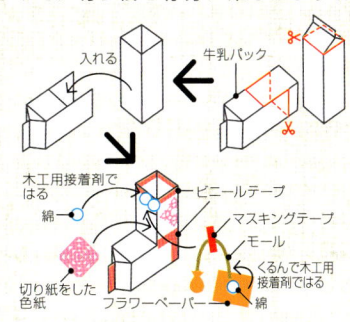

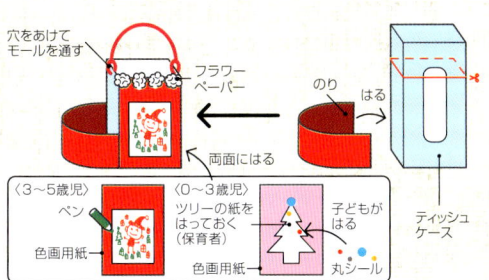

入れる／牛乳パック／木工用接着剤ではる／綿／ビニールテープ／マスキングテープ／モール／くるんで木工用接着剤ではる／切り紙をした色紙／フラワーペーパー／綿

ひも通しブーツ

ブーツ型に切ったクリアフォルダーで、ひも通しを楽しみます。中心には画用紙で作ったサンタさんなどを飾りましょう。

クリアフォルダーをブーツの形に切る／モール／リボンでひも通しをする／はる／パンチで穴をあける／ヒイラギの葉（画用紙）／まくらビーズ／色画用紙

シールはりのブーツ

たくさんシールをはって、ポップなブーツにしあげましょう！　モールの取っ手を付けると、持ち運んだり、つって飾ったりと楽しみ方の幅が広がります。

穴をあける／プラスチックカップ／モール／レースペーパー／セロハンテープではる／シール／色画用紙

ブーツ絵本

開くと中が絵本に！　オリジナルのストーリーを描き込めば楽しいクリスマスになりそうです。

開くと…

ペンで描く／コピー用紙を2〜3枚重ねて半分に折る／ホッチキスで留める／色画用紙／毛糸／レースペーパー／フラワーペーパー

59

オーナメント

色画用紙の円柱オーナメント

色画用紙を丸めて円柱にし、体を作りました。雪だるまのマフラーやトナカイの鼻に使ったフラワーペーパー、サンタのベルトの金の色紙がアクセントになっていますね。

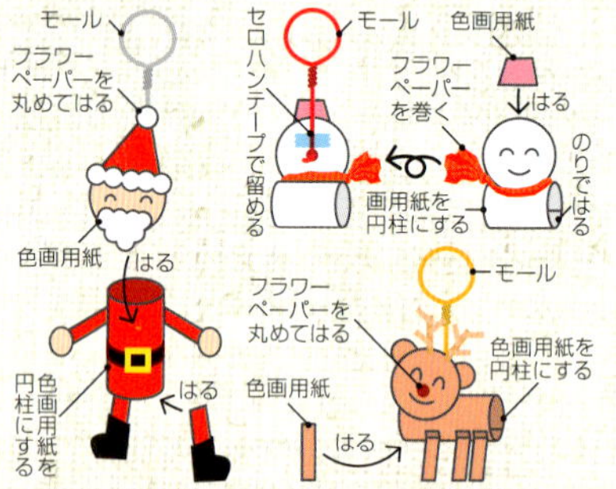

ミニ袋オーナメント

袋にフラワーペーパーを詰めてサンタや雪だるまの体に！ 丸く切ったシールをはってボタンにしましょう。

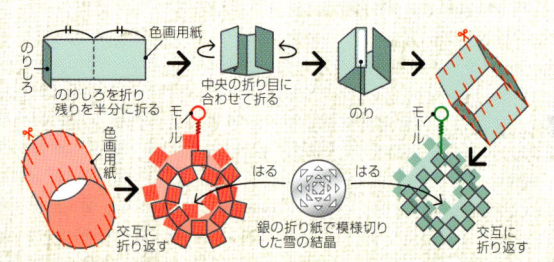

透明コップのエンジェルオーナメント

透明コップにスズランテープとフラワーペーパーを詰めて天使の体を作ります。レースペーパーの羽とフラワーペーパーのリボンで、かわいらしさがアップ！

雪の結晶オーナメント

模様切りした銀の色紙と、折り起こした色画用紙でキラキラ結晶のでき上がり！

クリスマスグッズ **オーナメント**

紙粘土オーナメント

紙粘土といろいろな素材を組み合わせて。自然物も使うとナチュラルな雰囲気に。

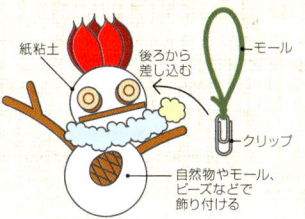

紙粘土
後ろから差し込む
モール
クリップ
自然物やモール、ビーズなどで飾り付ける
☆木工用接着剤で付ける

キラキラ天使のオーナメント

乳酸菌飲料の容器にアルミホイルを巻いて。キラキラ華やか！

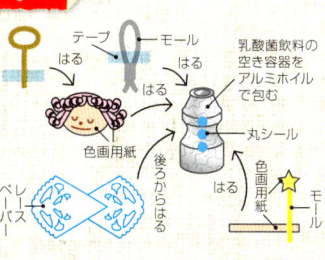

テープ　モール
はる　　はる
乳酸菌飲料の空き容器をアルミホイルで包む
色画用紙
丸シール
ベレーパー
後ろからはる
はる
色画用紙
モール

ペットボトルオーナメント

スノードームのような透明感が美しい、華やかオーナメント。

キリなどで中央に穴をあける
1.5Lのペットボトルの上部分
切り口にビニールテープをはる
通す　ビーズ
画用紙
ストロー
キャップの上にフラワーペーパーを重ねモールで留める
ストロー
モール
はる
色画用紙
丸シール

ゼリーカップのオーナメント

ひと口ゼリーの空き容器を組み合わせてサンタの体に。

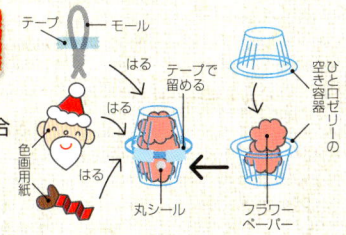

テープ　モール
はる
テープで留める
はる
ひと口ゼリーの空き容器
はる
色画用紙
丸シール
フラワーペーパー

61

色画用紙の天使オーナメント

色画用紙だけで作れるのでカンタン。えんぴつなどを使って前髪をカールさせるのがかわいいですね。

しずく型オーナメント

中央で揺れる雪だるまやブーツがかわいいですね。しずくに切り込みを入れることで、より華やかになります。

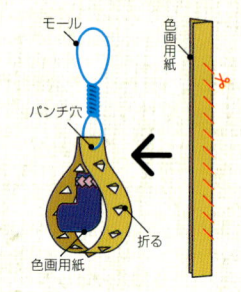

連結オーナメント

お絵描き、シールはりなど、いろいろな技法が楽しめます。つなぎ目もモールなのでカンタン！ 好きなだけつなげられるので、いろいろな長さができて楽しいです。

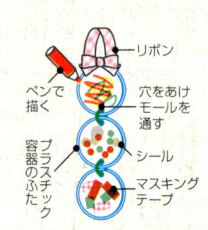

プレゼントのオーナメント

コーヒーフレッシュの容器で作るベルがとってもリアル！ 思わずプレゼントを開けたくなりそうです。

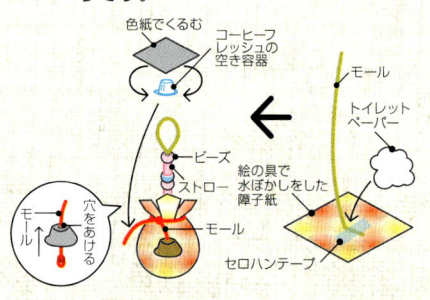

62

クリスマスグッズ オーナメント カード

カード

お絵描きブーツカード

ブーツを開くとプレゼントいっぱい！ 好きな絵を描いて、紙テープのリボンを付けます。ツリーに飾るとオーナメントにもなりますね。

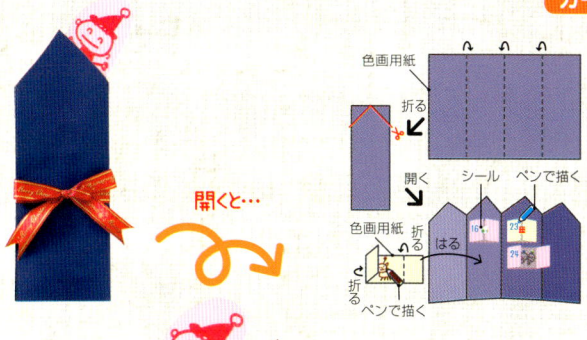

アドベントカレンダー

クリスマスまでの日にちを書いた扉を開くと、かわいい絵が！ クリスマスを楽しみにしながら製作しましょう。

クリスマスカード

色画用紙でステキに飾って…☆ 中に白い紙をはって、絵を描いたり、お手紙を書いたりして楽しみましょう。

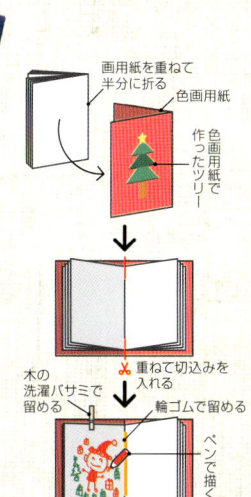

カウントダウン絵本

楽しみなクリスマスのことを考えながら絵本を作ります。一日一日めくってクリスマスを待ちましょう。

平面 DE クリスマス

クリスマスツリー
三角形を並べてはるだけで、りっぱなツリーに。

- 色画用紙
- フラワーペーパー
- 色画用紙

サンタクロース
綿を付けることで雰囲気アップ！

- 綿
- ペンで描く
- 色画用紙
- シール

オシャレな封筒
無地の封筒も、少し手を加えるだけでクリスマス仕様に。色画用紙でステキに飾って…だれに贈ろう！？

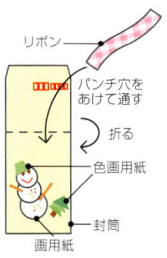

- リボン
- パンチ穴をあけて通す
- 折る
- 色画用紙
- 封筒
- 画用紙

現場 photo!
クリスマスツリーを飾ろう！

クリスマスツリーを保育者が作っておき、子どもたちはツリーに欲しいプレゼント、あげたいプレゼントを飾ります。プレゼントは、画用紙を丸く切って、ペンで描き、フラワーペーパーのリボンを付けて完成。壁面がたくさんのクリスマスツリーで華やかになりますよ。

用意するもの
・カラー模造紙で作ったツリー
・画用紙 ・ハサミ ・フェルトペン
・のり ・手ふき
・フラワーペーパー
・ビニールテープ

切って描いて…
ツリーに飾り付けて…
完成！

コピーでカンタン！ 型紙ページ

✂ **型紙は P.00** のマークが付いている製作物の型紙ページです。拡大してご使用ください。
※拡大率が示されていないものは、適当な大きさに拡大してご使用ください。

ハロウィンシアター

P.10-11 ①ペープサート
お菓子だいすき おばけどん

🔍 原寸

おばけどん

キャンディ

チョコレート

たんす

クッキー

※たんすは型紙を参考に画用紙に適当な大きさの絵を描いてください。

ハロウィンシアター

P.12-13 ②ペープサート
びっくり ハロウィン ウィン

400% 拡大

ウサギ

ブタ

おばけ 表

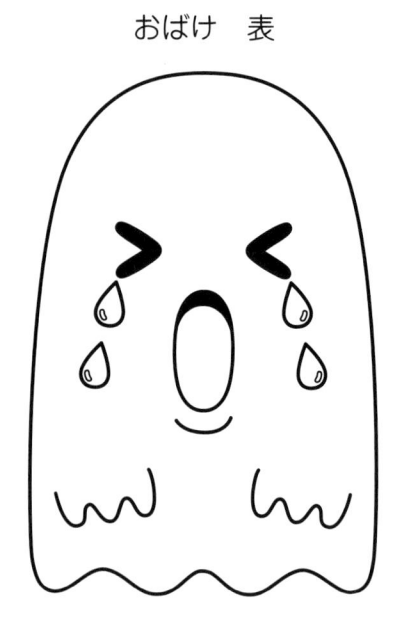

おばけ 裏

草

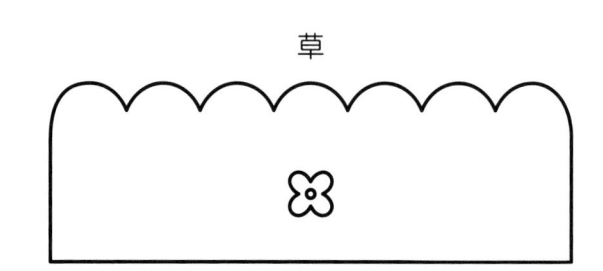

ハロウィンシアター

P.14 ③マジック
ハロウィン キャンディマジック

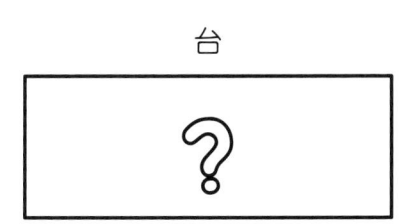

キャンディ

400%拡大

台

?

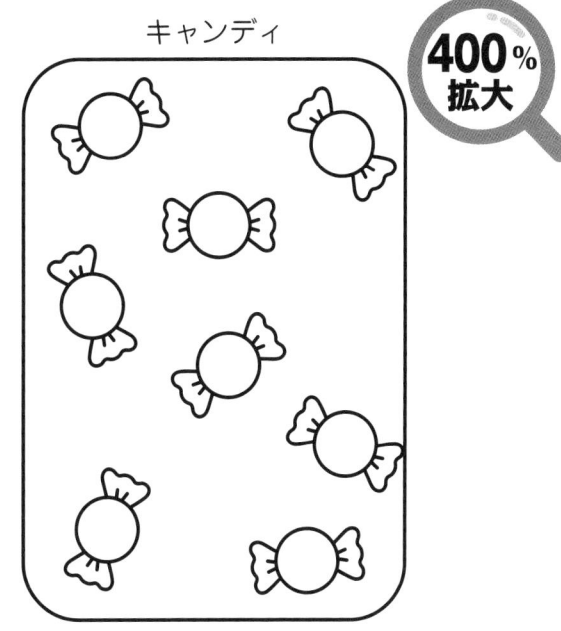

P.15 ④紙皿シアター
ハロハロハロウィン

※使用する紙皿の大きさに合わせて拡大コピーしてください。

ジャック・オ・ランタン①

ジャック・オ・ランタン②

魔女①

魔女②

ハロウィンシアター

P.15 ④紙皿シアター
ハロハロハロウィン ※使用する紙皿の大きさに合わせて拡大コピーしてください。

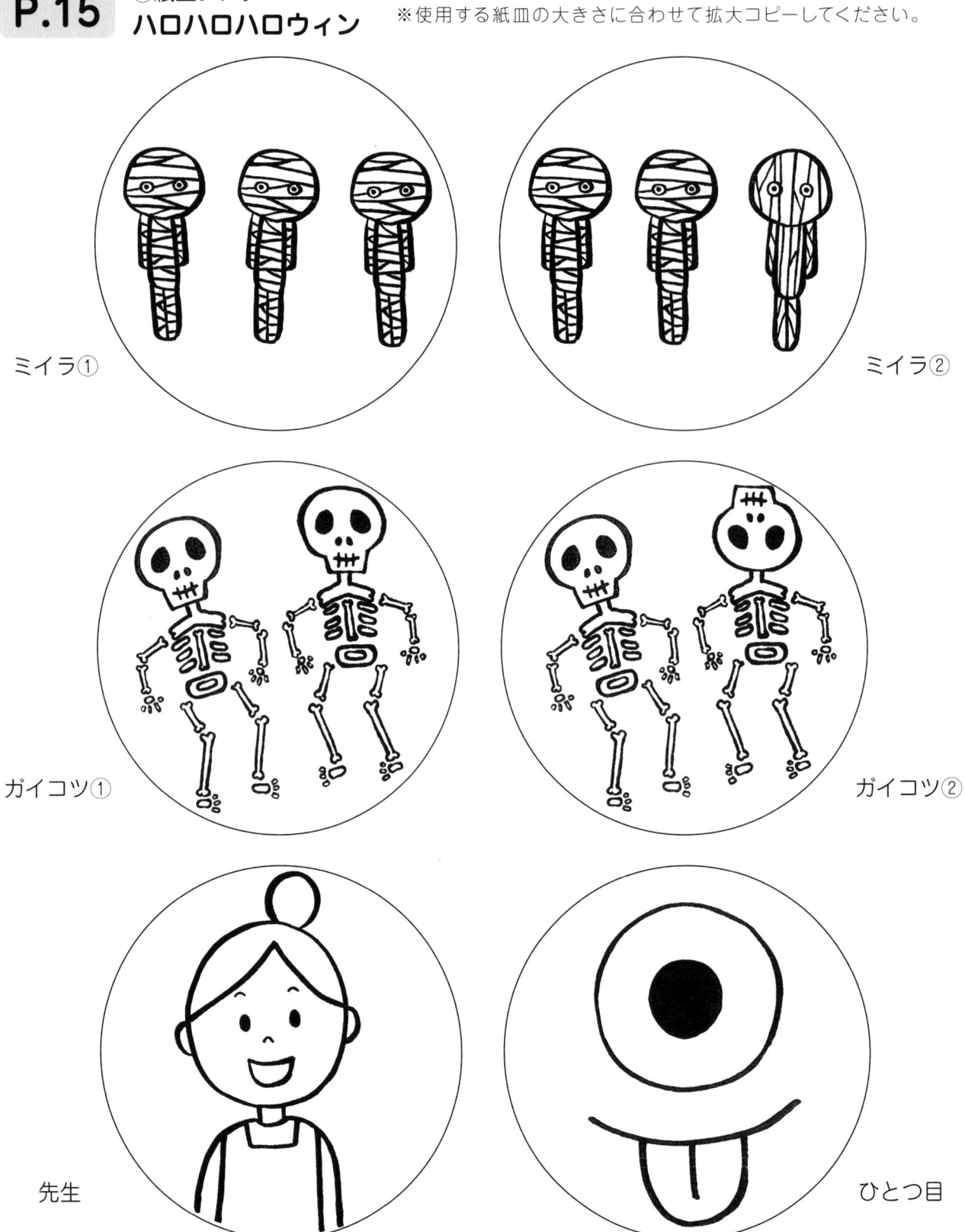

ミイラ①

ミイラ②

ガイコツ①

ガイコツ②

先生

ひとつ目

クリスマス壁面

P.30-31　メリークリスマス　ハッピーツリー

クリスマス壁面

P.32-33　サンタハウスで乾杯〜☆

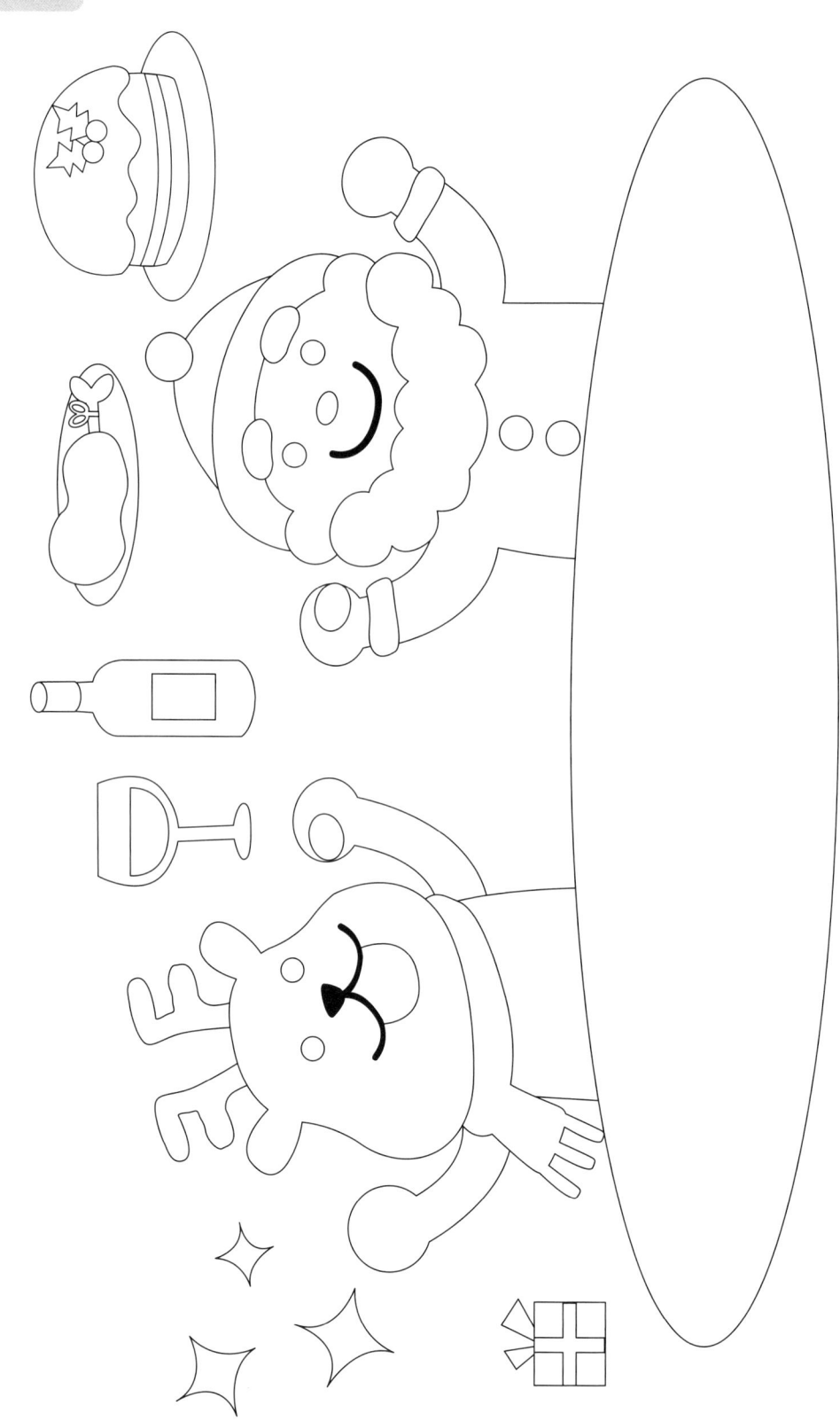

クリスマス壁面

P.34 Xmas ブーツ

クリスマス壁面

P.35 キラキラ＆ふんわリース

P.36 飛び出す！ ケーキパーティー

クリスマス壁面

P.37 ペタペタツリー

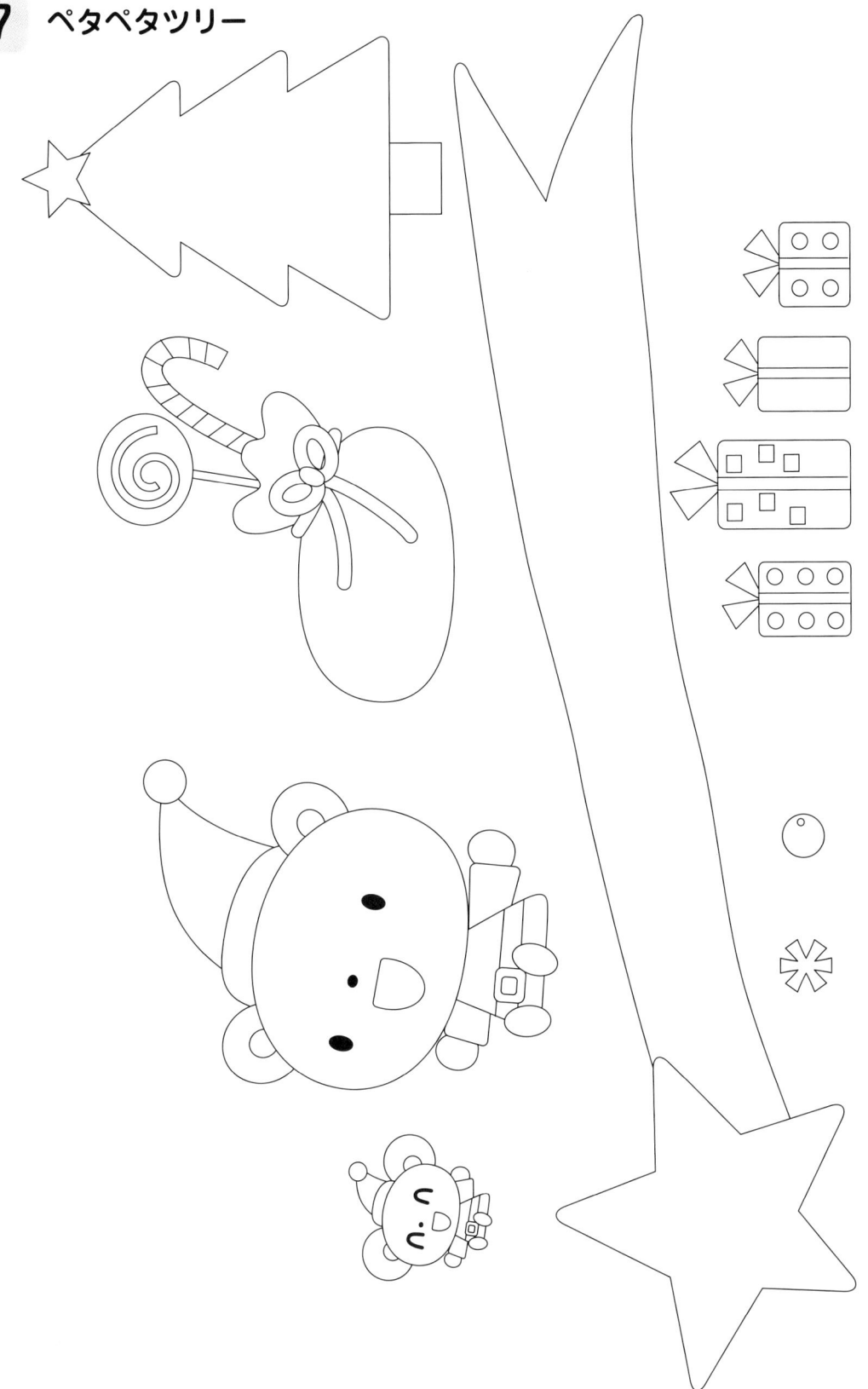

クリスマスシアター

P.38 ①マジック
サンタさんの魔法

200%拡大

☆ メ
リ ー
ク リ ス
マ ス ☆

クリスマスシアター

P.40-41 ②パネルシアター
クリスマスだ ヤッホー！①

200%拡大

サンタ

アシカ

ボール

シロクマ

袋

マフラー

帽子1

帽子2

帽子3

75

クリスマスシアター

P.40-41　②パネルシアター
クリスマスだ　ヤッホー！②

200%拡大

ペンギン1　　　　ペンギン2　　　　ペンギン3

ツリー　表　　　　ツリー　裏

クリスマスシアター

P.42-43 ③パネルシアター
ゆきだるまを作ろう！①

ゆきだるま本体

その他

ネコの耳

ツノ

ウサギの耳

帽子キャップ

お花

帽子ハット

ネクタイ

三角帽

チョウネクタイ・リボン

ネックレス

ばんそうこう

200％拡大

クリスマスシアター

P.42-43 ③パネルシアター
ゆきだるまを作ろう！②

200%拡大

目・メガネ　　　鼻　　　口　　　まゆげ

ひげ

クリスマスシアター

P.44-45 ④紙コップシアター
帽子の中に

180%拡大

ウサギ 　　ヘビ 　　チョウ 　　宇宙人

P.46 ⑤紙コップシアター
サンタさんのプレゼント

180%拡大

サンタさん 　　トナカイ 　　クマ

車

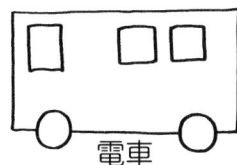

電車

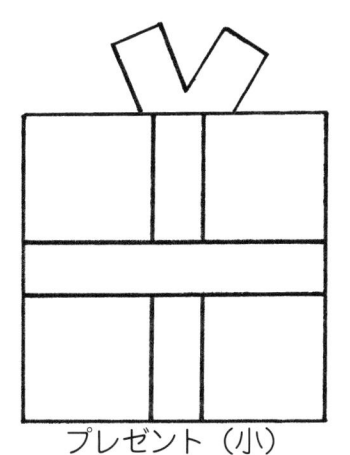

プレゼント（小）

※プレゼント（中）はプレゼント（小）を180％に拡大後にさらに140％に拡大、プレゼント（大）はさらに160％に拡大すると、ちょうどよい大きさになります。

【著者】
- ハロウィン壁面、ハロウィングッズ、ハロウィンコスチューム、クリスマスグッズ

  監修：花岡千晶・村田夕紀
  案・製作：内本久美・大島典子・花岡千晶

- ハロウィン・クリスマスシアター

  阿部直美・kit-chen（小沢かづと・iku・鈴木翼）・
  ケロポンズ・菅原英基

【STAFF】
- モデル ……… 磯上果歩・磯上紘平・北川陽依・北川萌花・藤濤太一
- イラスト・製作 ……… 秋山理香・イケダヒロコ・くるみれな・中井舞・はやはらよしろう・
  早原りさこ・藤江真紀子・マサキデザイン事務所・むかいえり
- 協力園 ……… 大阪・千里山やまて学園
- 写真 ……… 佐久間秀樹（佐久間写真事務所）・(株)山田写真事務所
- 楽譜浄書 ……… 株式会社クラフトーン
- 本文デザイン ……… はやはらよしろう(office446)・早原りさこ(office446)
- 本文レイアウト ……… 中井亮(pocal)
- 企画・編集協力 ……… 中井舞(pocal)
- 企画・編集 ……… 安部鷹彦・安藤憲志
- 校正 ……… 堀田浩之

ひかりのくに保育ブックス⑱
壁面・シアター・製作・コスチューム
ハロウィン&クリスマス　おまかせBOOK

2015年9月　初版発行
2018年9月　第3版発行

編者　ひかりのくに編集部
発行人　岡本 功
発行所　ひかりのくに株式会社
〒543-0001　大阪市天王寺区上本町3-2-14
TEL06-6768-1155　郵便振替00920-2-118855
〒175-0082　東京都板橋区高島平6-1-1
TEL03-3979-3112　郵便振替00150-0-30666
ホームページアドレス　http://www.hikarinokuni.co.jp
印刷所　図書印刷株式会社

©2015 HIKARINOKUNI
乱丁、落丁はお取り替えいたします。
JASRAC　出1508780-803

Printed in Japan
ISBN 978-4-564-60877-3
NDC376 80P 26×21cm

本書のコピー、スキャン、デジタル化等の無断複製は著作権法上での例外を除き禁じられています。本書を代行業者等の第三者に依頼してスキャンやデジタル化することは、たとえ個人や家庭内の利用であっても著作権法上認められておりません。